우리나라 최초 의사문인

포백 김대봉 문학선

ⓒ 이 책은 저작권법에 의하여 보호받는 저작물이므로
무단 전재와 복제를 금합니다.

머리글

　몸과 마음의 질병이 제기하는 고통과 생명과 체험은 의사와 문인이 집중하고 몰두하는 인간 이해의 근원적 소재이며 주제다. 따라서 의학과 문학이 맞닿으면, 의학과 문학 두 영역의 터인 인간관계 이해를 기름지게 하는 거름으로 작동한다.
　그 거름의 효능과 가치를 남달리 소중하게 여겨, 의학과 문학의 사이에 쌓여있는 관습적 구별을 헐어낼 재능을 지닌 의사를 의사문인이라 부른다. 미셸 푸코의 어법을 빌리면, 과학의 도움을 받아 환자의 내부로만 파고들던 '의학의 시선'을 사람 전체로 돌리려 글을 짓는 의사다.
　그런 의사문인들을 찾아, 동서고금의 자료를 수소문하여 천착하며, 연재하고 단행본으로 간행한 바 있다. 연재 과정에서 궁금해졌다. 우리나라의 최초 의사문인은 누구인가? 기초 조사,『포백 김대봉 전집』(2005)을 엮은 한정호 교수와의 교신 등을 통하여, 김대봉이 우리나라 최초의 의사문인임을 확인할 수 있었다. 김대봉(金大鳳, 1908. 2. 11~1943. 3)은 일제 강점기에 살다간 의사, 시인, 소설가다. 호는 포백(抱白)이다.

이 책은 포백의 작품 중에서 의학적 내용 또는 수사가 뚜렷한 시와 산문을 골라 묶었다. 시는 『무심』(1938년)을 기준으로, 시기별로 『무심』 이전에 발표한 시, 『무심』에 실린 시, 그후에 발표한 시 등으로 나누어 실었다.

2025년 4월 19일, 서울의대 동창회관인 함춘회관에서, 의학과 문학의 접경 연구소 주최로, '우리나라 최초 의사문인 김대봉(金大鳳)' 세미나가 열렸다. 의학과 문학 분야의 전문가들이 한자리에 모여 포백 김대봉을 본격적으로 조명한 학술 연구 발표대회론 국내 처음이었다. 세미나에서 솟구친 감동과 다짐을 두 서술로 대신한다.

"문학과 의학이 만나는 꼭짓점을 인간에 관한 관심과 애정에서 찾고 있다. 이렇듯 김대봉이 보여주는 실존적 리얼리즘, 곧 인간주의 세계관은 어디까지나 의사라는 인식에서부터 비롯되고 있다. −중략− 우리 문학사에서 의료문학의 맨 앞머리에 올려세워도 손색이 없을 문인이라 하겠다." − 한정호, 「김대봉의 문학살이와 의료 체험」 부분, 『포백 김대봉 전집』(한정호 엮음)

"인간주의에 뿌리 박고 환자를 연민하되, 만만치 않은 현실 삶 속의 자신도 연민하지 않을 수 없었다. 진료 현장에서 만나야 하는 어긋난 육신과 정신의 고통은, 환자와 함께 의사 자신도 겪고 헤쳐야 나아가야 할 세상임을 느끼고, 물 끓듯 꽃 피듯 표출하는 무심(無心). 사념(邪念)이 아닌 사념(思念), 덧칠한 혼(魂)이 아닌 무심(無心). 무심은 가장 강력한 인간에 관한 관심의 역설 아닌가. 무심은, 의학과 문학 사이에서, 채워서 비우고, 넘쳐서 지워내버리는, 인간주의를 추구하고 실천하고자 했던 의사문인 포백 그 자체가 분명하다."
 – 유담. 의학 속 문학(33) 우리나라 최초 의사문인 포백 김대봉.
《문학청춘》 2025 여름호(통권 64호)

의사문인 포백 김대봉 문학선을 엮어 펴내며, 두고두고 감사해야 할 분들이 떠오른다. 먼저 포백에 관한 깊고 넓은 지식과 실행으로 기꺼이 도와주신 한정호 교수께 감사한다. 난해한 언어의 해독에 명징한 도움을 주신 중국문학 교수 류성준(柳晟俊) 형님, 박용익 독일문학 교수, 포백의 경성제대 근무 시절의 사료를 탐찰해주신 서울의대 인문의학교실 김옥주 교수, 옛글을 요즈음 꼴과 뜻으로 정성껏 다듬어 준 최원국 연구실장, 언어의 절절한 감성을 짚어 준 문미란 시인께 감사한다. 출판에 이르기까지 정성으로 성원해 주신 서울의대 동창회 함춘문예회 하은주 시인, 한국의사시인회장 서화 시인,

권혁수 시인, 한국만성질환관리협회 황보승남 사무총장, 정수평 사장, 안병정 주간, 이영재 기자께 감사한다. 마음속에 그렸던 바로 그 책을 어김없이 만들어주신 도서출판 지누 박성주 대표와 직원들께 감사한다. 포백을 처음 만난 때부터, 늘 기도로 응원해 준 아내 박인숙, 큰딸 유혜미와 이은섭 목사, 작은딸 유혜승과 크리스에게 감사한다.

아무쪼록 이 책이, 의학과 문학 두 영역의 터인 인간관계 이해를 기름지게 하는 거름이 되길 기도한다.

2025년 8월 25일
유담 유형준

일러
두기

● 이 책은 포백 김대봉의 시와 산문, 그리고 의학 관련 글들을 중심으로 엮은 것이다.

● 원문의 소화(昭和) 연도 표시는 모두 서기(西紀) 연도로 바꾸어 적었다.

● 원문의 한자는 한글로 표기하고 ( ) 안에 넣어 읽기 쉽게 바꾸었다. ㉠ 무심(無心)

● 한 산문 작품 속에서 반복되는 한자는 두 번째부터는 표기하지 않았다.

● 옛 글자는 오늘날의 표기와 표현으로 바꾸었다. ㉠ 싸쏫한 > 따뜻한, 싸홈 > 싸움

● 생소한 어휘는 • 표시를 하고, 작품 말미에 간략하게 설명을 붙였다.
　㉠ 목내이(木乃伊): 미라(mirra)

● 원문 해독이 어려운 글자는 ㅁㅁ로 표기하였다.

● 그 뜻을 알 수 없는 어휘는 본문에 • 표시를 하고, 작품 말미에 물음표(?)를 표기하였다.

● 그 뜻을 짐작할 수 있는 어휘는 • 표시를 하고, 작품 말미에 물음표(?)와 함께 편저자의 의견을 밝혔다.

● 작품과 관련된 주요 사항은 제목에 • 표시를 하고, 작품 말미에 주석으로 밝혀 달았다.

● 일반 독자들에게 쉽게 다가설 수 있도록 가급적 오늘날의 한글맞춤법과 띄어쓰기에 따랐다.

목차

머리글　4

시

『無心』이전

농부의 노래　15
피의 글자　16
묵상(默想)　17
그 환자(患者)　18
실명여탄(失明餘嘆)　19
어린이의 말　20
사체해부(死體解剖)　22
학창(學窓)에서　23
아버지의 손을 보고　26
쇠 달구는 소리　28
생활시편(生活詩篇)　32
탁상어(卓上語)　34
동공(瞳孔)의 촉수(觸手)　37
나의 이반자(離反者)　39

『無心』

무심(無心)　45
출발(出發)　47
생사(生死) 중간(中間)　50
엄마는　52
이 마음을　53
벗에게　54
보리피리　55
누에　56
창외(窓外)　57
상흔(傷痕)　58
유자(孺子)　60
병실(病室)　62
수술(手術)　64
아사(兒死)　66
의심(醫心)　68

『無心』이후

추제삼일(秋題三日)　73
영아보(嬰兒譜)　75
별후(別後)　82
추사(秋死)　84
진리(眞理)　87
기원(祈願)　88
사・생(死・生)　90
낙엽(落葉)　93
사월(四月)　94
선언(宣言)　96

산문

〈소설〉
의사(醫師)의 조수(助手)　101

〈수필〉
의도(醫徒)의 수기(手記)　113
진찰실(診察室) 풍경(風景)　117

〈비평〉
의학(醫學)과 문학(文學)　128
생활(生活)과 과학(科學)　130

〈논설〉
세균(細菌)이야기　135
봄철의 질환(疾患)과「비타민」　144

해설

우리나라 최초 의사문인 포백 김대봉　153
– 유담(시인・의학과 문학 접경 연구소장)

시
『無心』이전

농부의 노래

바람아 불거라 비여 내리라
풍년(豊年)이 되거나 흉년(凶年) 들거나
지어도 못 먹고 사시 품팔이
머나먼 서쪽에 풍년(豊年) 들거라

피의 글자

먹은 마음속
따뜻한 피가
손으로 흐르서이다
이 새까만 피가
방울방울 떨어져
글자로 변해서이다
그러나 그대 아직껏
나의 피의 글자를 모르는가
따뜻한 마음속의
피의 글자이외다

묵상(默想)

나가 가는 곳은 죽음
나가 찾는 것은 싸움
이것이 인생(人生)이라 할까

아 — 가련(可憐)한 인생(人生)아
싸움에서 이기자
죽음에서 이기자

싸움이 싸움을 놓고
죽음이 목숨을 놓은 때
오직 나는 살리다

아! 살리다 나는
내일과 모레에는
그들의 무릎 앞에서

그 환자(患者)

바늘침에
피 한 방울 쏟지도 못할
창백(蒼白)한 촉루(觸髏)같은 그 얼굴을 숙이고

거미같이 무섭게 여윈 그 팔로 막대기를 짚고
허둥대는 다리를 질질 끌고 와서는

가을바람같이 쌀쌀한 의사(醫師)의 말에
그만 쫓겨 나가고 만 그가 생각이 난다

실명여탄(失明餘嘆)

금조(金鳥)가 비췰까 옥어(玉魚)가 보일까
이십추(二十秋)에 실명(失明)되어 홍양(紅陽)에 구어니•
알뜰히 총기(聰氣) 있는 광명(光明)만 이 몸에는 그리워라

인륙(人陸)에 옥口(玉口)을 두루두루 가리우고
우口(牛口)에 물체(物體)를 분별(分別)해 놓으리니
거짓도 마음에는 참되고 참도 거짓 되더라

눈은 어두워 세상(世上)일 아득코
삶에는 진위(眞僞) 몰라 사는 보람 없으니
죽음도 삶이라 할진대 이보다가 못하리까

중생(衆生)의 정각(正覺)을 세우신다는 불타(佛陀)야
전생(前生)에 응보(應報)를 받는 고(苦)라 하실지면
묻노니 이내 인과(因果)에 가르침을 주소서

• 구하니(?), 바라보니(?), 구우니(?) 등의 의견이 가능하나, 문맥상 '바라보니'가 좀더 알맞다.

어린이의 말

의사[팔세여아(八歲女兒)의 말]
    엄마 엄마
    우리 동리 의사는
    생전 생전
    죽지 않겠지요
    뱃병 머릿병
    팔다리 병
    모두 모두
    낫는다니까요

기도[팔세남아(八歲男兒)의 말]
    맛 나는 음식을
    먹을 때는
    우리 아버지가
    기도를 하려는데
    조밥을 먹더라도
    먹기 전 기도를
    해야만 됩니까

한글[구세여아(九歲女兒의 말)
　가갸의 한글
　갸자(字)는
　어디다 씁니까

대답[팔세남아(八歲男兒)의 말]
　어머니가 부를 때
　우리는 네네 라고
　대답하지요
　그런데 우리가
　어머님을 부르면
　무어 오냐 라고
　대답하지요

사체해부(死體解剖)

첨예(尖銳)한 칼날에 고혹(蠱惑)을 일으킨 해부수(解剖手)
사체(死體)를 응시(凝視)할 때 그 심장(心臟)에는
진요(震搖)와 함께 냉혹(冷酷)한 전율(戰慄)의 바람이 스쳐 갔다

호흡(呼吸)이 끝나고 고동(鼓動)이 들리지 않는
목석(木石)같은 인체(人體)란 확인(確認)에서
침착(沈着)한 사고(思考)와 장엄(莊嚴)한 태도(態度)로
목내이(木乃伊)• 사체(死體)에 연찬(研鑽)의 칼을 움직이기 시작(始作)한다

이곳에 현명(賢明)한 해부수(解剖手)들의
각각(各各) 위대(偉大)한 발견(發見)이 있으리니
미래(未來)의 세기(世紀)에는
생명(生命)의 구원(救援)이 있어야 할 것이다

그러므로 해부수(解剖手) 목표(目標)한 바
인체구조(人體構造)에만 칼 든 진리(眞理)를 멈춘다면
그까짓 진리(眞理)를 빼어서 버리라
사체(死體) 제공(提供)한 죽은 영혼(靈魂)에 모반(謀叛)이다

• 미라(mirra)

학창(學窓)에서

일(一)
신입생(新入生) 환영회에
남들이 기뻐하는데
나는 울었네

이(二)
혈구검사(血球檢査)에
제 피 한 방울을 아까워서
부들부들 떠는 무리들아
그래도 너희들도
남을 위하여
몸 바친 사람 보고
비웃을 것인가

삼(三)
배운 것 하나 있는 것이
무어 그리 장할까
그보다 더 큰 자연(自然)과 인생(人生)을

알아보자고
외치는 학생의 마음이
티끌 속에 보옥같이 보이네

사(四)
의학 공부하는 학생은
문화주택이 퍽이나 부럽다
하나
그것이 참이라면
호텔 급사(給仕)나 되지
안 배우고도
양옥집 베드에 잘 수 있으니

오(五)
세상 사람들아
실없는 환자가 되지 마라
의사도 못된 것들아
예의도 모르고 덤비니까

육(六)
생목숨을 끊어놓고
자기 죄가 아니라 하는 의사
죽음을 맞으러 온 사람들의
운명은?
세상 사람들이여
저 의사의 얼굴에
침을 뱉지 않으려나

아버지의 손을 보고

아버지!
갈가리 찢어져 타실*거리는 손바닥과
군데군데 비지밥처럼 멍든 손가락을
멀-거니 쳐다보는 아이들은
뜨거운 눈물이 빙빙 쏟아집니다

억센 새끼로 큰 짐을 묶어서
이쪽저쪽 옮기고 밝아놓으려면**
힘으로 더 밀고 몸으로 받아내야 할 테니
약한 아버지의 가여운 꼴이
가슴속에 치밀고 나오니까요

  x x

아버지!
당신의 손바닥이 그와 같이 찢어질 때는

---

* **타실타실** 바탕이나 가장자리가 매끈하지 않고 꽤 거칠거나 작은 보풀이 일어나 있는 모양을 이르는 북한어.
** ? 밝게 하려면

날마다 흘린 땀이 얼마나 되었으며
당신의 손바닥이 그와 같이 멍들 제는
때문에 흘린 피가 얼마나 되었습니까

땀방울이 늘어가면 늘수록 골병도 크실 것이며
핏방울이 많아지면 많아질수록 가슴에 괴롬도 늘어날 테니

밤마다 앓는 그 소리가 새로 고막에 살아오는 듯하며
날마다 괴로워하는 모양이 눈에 나타납니다

  x x

 아버지!
목석이 아닌 이 아들은
「삶은 싸움이란」 크나큰 가르침을
쉼 없이 말 없는 곳에서 일어서이다

그러므로 이 아들은
삶을 위하여 싸우리다
피와 땀으로서요

(1932년)

쇠 달구는 소리

하늘 땅 시내 숲들
이 모두를 한숨에 마실 듯이
천지(天地) 위에는
바야흐로 더위의 불꽃이 피어오른다

무쇠라도 진득 녹여 버릴 더위 뭇사람은 견디지 못해
숲 그늘로
강물로
얼음집으로 쏟아진다
이의 다른 사람은
게으름에 사지(四肢)가 늘어짐을 깨달은 이
다락 위에서 잠 못 이루어 애타는 이
일사병(日射病)을 두려워하는 이
하느님에게 □서(□署)를 비는 이들이다

그러나 쉼 없이 타오르는 더위는
온 천지(天地)를 불세계(世界)로 화(化)할 듯이

훨훨 타고 타고 또 타고 있으니
모든 길거리에는 인적(人跡)이 그쳐지고
야반(夜半) 같은 무거운 침묵(沈默)을 일구어준다

이때다 바로 이때다
툭툭 탕 툭툭 탕 하는 소리가
유월(六月)의 염천(炎天)을 울리며
굳센 멜로디로 대장간에서 흘러온다

얼마나 굳세고 힘차고 뱃심 있는 소린가
예언(豫言)같이
펄펄 넘치는 정열(情熱) 서린 조자(調子)가
벽력같이 가슴을 찢어 놓지 않은가

들어라 이 소리를!
대장간에서 새어 나오는 소리다
도탄에 우는 백만창생(百萬蒼生)을 구제(救濟)할 듯이
우레같은 소리로
허깨비같은 인생(人生)들을
집어넣으라는 불꽃같은 소리다

그러므로 이 소리에는
허물어진 옛 성터를 바라보며
슬피 슬피 우는 두견새의 소리로
근심 가득 찬 대공(大空)을 할퀴며
훨훨 떠도는 독수리의 소리도
거친 들을 헤매며
먹이 찾는 여우의 소리도
들을래야 들리지 않는다

더욱더 힘차게 각각으로
절박해 오는 소리에는
쇠 달구는 소리로 들리지 않고
악마(惡魔)같은 놈의 심장을 꽉 움키고 철천지한을 품은 한숨같다
노예의 지옥(地獄)에서 기름만 재어다가
영겁(永劫)한 운명(運命)을 차버릴 반역(反逆)의 쇠북소리다
그러나 더욱더 머리를 가다듬고
들으면 들을수록 별다른 소리로 화한다
광막무변한 대해(大海)를 휩쓸고 가는 바람 소리처럼
사납고 두려운 소리가 서리어 있는 듯하고
무한무진한 창공(蒼空)을 향(向)하여 태풍(颱風)을 일으킬 듯이
위엄과 웅대함이 숨어 있는 듯하다

오 참으로 너는

대장간에서 오는 소리인만

울리라 더위에 죽은 듯 고요한 대지(大地) 위로

선구자(先驅者)의 피 서린 소리 같으니

엎드려 듣겠노라

이를 알거든 야장•아 너는

두드리라 무쇠 같은 주먹도

꼿꼿한 철봉(鐵棒)이 철판(鐵板)이 될 때까지

툭툭 탕 툭툭 탕 하는 소리에

대지(大地)는 바야흐로 환생(還生)의 때로 바뀌어 온다

(1932년 6월 10일)

• 冶匠, 대장장이

생활시편(生活詩篇)

일(一). 영원(永遠)한 불행(不幸)•

보아도 보아도
보고 싶지 않은
네 얼굴 네 마음이여
나는 영원한 기쁨을 잃었구나

이(二). 말만의 세상(世上)

병자(病者)를 동정하라고
세상(世上) 사람들은 이른다
그러나 정신병자(精神病者)만은
인간(人間)의 조소(嘲笑)를 받나니
말만의 세상(世上)을
누구가 □□르려뇨

• 영원(永遠)한 불행(不幸):「無心」에 한 편의 시로 실림.

삼(三). 쟁투(爭鬪)•

오-나의 그네여

농락된 사나이 나는

쿵 쿵 널을 뛴다

나더러 잔인(殘忍)타 말라

허위(虛僞)의 화신(化身) 너를

무덤으로 보내고자

사(四). 무제(無題)••

엄마는 내 심장의 피를

도려내려 하였건만

애인은 내 호흡을

막아버렸으므로

친구는 내 시체를

무덤으로 옮겼다

• 쟁투(爭鬪):『無心』에 한 편의 시로 실림.
•• 무제(無題):「엄마는」의 제목으로『無心』에 한 편의 시로 실림.

탁상어(卓上語)•

1
멀리 시가지(市街地)를 바라보라
휙 마-도••를 밀어붙이고
궤상(机上)에서 홀로 울어본다

2
한 장의 지도 위에서
윷놀이를 즐기며
하품치는 봄날이여

3
주사를 놓은 것보다
시(詩) 쓰는 것이 알맞다
거기에 사람이 있었다

• 이 시의 2, 5, 7, 8은 『無心』에 「탁상어 4구(卓上語 四句)」란 제목으로 실림.
•• '창(窓), 창문(窓門)'을 의미하는 일본어[まど('마도'라 발음한다)]

4
지구의 시(詩)와 소설(小說)을 읽다가
그들의 얼굴을 그려 본다
나만큼 파리한 것 같지 않다

5
홀로 달빛 아래에서
맹서하다
「나는 영원히
차지 않은 달이 되리다」

6
신문(新聞)을 다 읽고 나서
와두둑 와두둑
찢어 버리다

7
하고많은 책이
나를 비웃는다
「공허(空虛)한 머리를
왜 더럽히느냐」고

8
낮별이 되려는
낮꿈을 삼십오(三十五) 년(年)에
깨뜨린 마음이여

9
집에 돌아간들 쌀쌀하더라
떠나오는 길
따르는 개[犬]• 하도 귀여워
키스를 하다

10
술잔 속에 그네를 보다
나도 그네였던가

• 한자 발음은 '견'

동공(瞳孔)의 촉수(觸手)

알멍하게* 힘없는 동공(瞳孔)에는
흡줄한** 꿈이 어리고 있다
　[시대(時代)의 고민(苦悶)인가 세기(世紀)의 철학(哲學)인가
　　인생(人生)의 감성인가]

그 꿈속에는
하염없이 눈물이 흘러내리고 있다
　[생(生)의 실망(失望)인가 현실(現實) 저주(咀呪)의 화살인가
　　희망(希望)의 격분인가]

알 수 없게 그 눈물 속에는
불꽃이 쏟아진다
　(못살 만큼 뒹군다 발버둥 친다 몸부림한다)

---

* 아주 멍하게. '알'은 형용사 앞에 붙어 '아주'의 뜻을 보태는 옛말.
** 흡줄한: ? 빨려 들어 응축된, 짙게 스며든.

그러나 빈 주머니에서
밥이 나올 리가 없다
다만 굶주린 창자만을
어루만지는 불꽃이
쓰디쓴 경험에 달구인
철(鐵)같은 동공(瞳孔)에서
현실(現實) 모순을 불사르려는
촉수(觸手)로 되어있다

나의 이반자(離反者)

내 마음의 전체(全體)를 내 마음의 전부(全部)를 빼앗은 것처럼
가장 그가 보물이나 된 것처럼
만나는 사람들 앞에서 자랑삼아 이야기하는
옛날의 소위 지우(志友)였던 자(者)여
네 멋대로 주지도여라• 마음 가는 대로
밀물에 마음을 실었거든
구르쓰와트••에서 로게이손•••으로
또한 학교에서 공장으로
그리고 귀부인(貴婦人)에서 창부(娼婦)에까지
가진 사람을 상대 삼아
말의 자유성(自由性)을 노는 입에 자랑하세

한 목숨과 싸우는 친구의 일이
하루아침 해장거리로 보았거든
독기로 글로 줄로 네 입을 가다듬으면서

• ? 두루 알려라. '주지(周知)'와, '주다'의 옛말인 '도다'의 권유형이라 여김.
•• 구르쓰와트: ? 독일어 Kultur Wald(문화세계)의 일본식 발음.
••• 남아프리카 원주민 거주 지역. 영어로 location.

활같은 정의(正義)를 토(吐)해도 좋고
불같은 인자(仁慈)를 논(論)해도 좋다만
우의(友誼)를 갈아 마시는
네 심상(心像)이나 유로(流露)치 말게
혹 떼러 갔다가 혹 붙이는 셈 되나니
부디부디 너는 이해(利害)와 변명과 자랑만 아는
이 세상(世上)에 가장 영리한 자(者)가 되어지라

나는 어리석은 자(者)
너처럼 발라맞추는 언사(言辭)가
내 사교(社交)의 자전(字典)에는 없었고
너처럼 갈붙는 친절(親切)한 태도(態度)가
나의 철학(哲學)에는 없었다
다만 인생(人生)을 알려는 사람이면
다 같은 심의(心意)로 단기(段氣)되리라는
우의(友誼) 그대로의 신봉(信奉)이 이반(離反)의 비극(悲劇)을 짓게 되었고
내가 그 비극의 최저(最低)에 잠기면서
참다운 우의(友誼)를 각념(覺念)했나니
너는 무엇으로서 나를 더럽히느냐

과연 내 명예 내 지위는

더럽혀졌다 하자

하지만 내 마음의 단단하고 굳어졌음에는

너에게 비길 바 못 되리다

나를 이해(理解) 못 하고

나를 사랑할 줄 몰랐거든

나의 괴로운 하소연을

나의 슬픔의 외로움을

나의 잃은 희망(希望)을

나의 깨어진 사랑을

다시는 알려고 하지 말게

나의 철학(哲學) 나의 예술(藝術)

나의 역사(歷史) 나의 심리(心理)

나의 천문학(天文學) 나의 사회학(社會學)

나의 과학(科學) 나의 경제학(經濟學)을 다 알기 전에

나의 애비곤*을 말하는 너는

이 세상을 희롱하는

나의 이반자(離反者)될 뿐이다

[1. 16. 유경(柳京)**에서]

---

* ? 한자로 哀憊困(애비곤). 슬픔과 어려움이 함께 하는 상황.
** 평양의 다른 이름

시

『無心』

무심(無心)

야간의 물은 끓고,
잠긴 나뭇가지에는 꽃이 피다.

숯불은 이는데,
꽃은 피다.
물은 끓는데,
꽃은 피다.

피는 이 꽃에는
낮과 밤이 없더라.

피는 이 꽃에는
눈도 비도 없더라.

피는 이 꽃에는
계집과 술과 노래가 없더라.

피는 이 꽃에는
주인도 사람도 없더라.

그래도 숯불은 일다.
물은 끓다.
꽃은 피다.

출발(出發)

참의 참의 거짓,
부정(否定)의 부정(否定)의 참,
그로 인해 극진(極盡)된 철화(鐵火)―.
꺾지 못한 정의(正義), 참지 못할 비분(悲憤)에
퉁명스러이 흑구(黑狗)된 의지(意志)가
「식(食)」에 비정(悲定)된 운명(運命)과 싸웠음이여.
이제 내 청춘 비육(脾肉)의 가엾음을
아댈라스*한 내 신경(神經)에 묻노니,
이 같은 삶에 강도(強倒)된 지 몇몇 해였더냐.

「미래(未來)」에로 향하려는 만신의 정염을
현실(現實)의 질곡(桎梏) 속인 진공(眞空)에 가두어 두고,
펜 속에 파묻혀 「죽음」에로의 역행(逆行)과 맞서며,
단말마(斷末摩)같이 허덕인 내 반생(半生)의 광분(狂奔),
노트**한 업적(業績)이여.

---

* 아틀라스(atlas). 도해서(圖解書)의 뜻을 지닌다.
** note. 기록.

선 풋내 나는 연찬(硏鑽)이야 있기야 있지만,
우주(宇宙)의 호흡(呼吸), 인간(人間)의 고동(鼓動)에는―
리트머스가 맞지 않은 단자(單子)였으매,
어찌할까, 앞뒤 삶에 상살(相殺)된 비곡(悲曲),
그 전주(前奏)의 날은 닥치어 왔는데.

아! 그러면 네크로티쉬˙한 모든 사변(思辨)아.
변성(變性)된 모든 관념(觀念)아.
떠나를 가라, 떠나가라.
출발(出發)에 늦은 내 가슴의 비화(飛火)는
또다시 연찬(硏鑽)의 메스를 얻기 위하여,
탐구(探求)의 절정(絶頂)에로 나아가야 하겠나니
세기(世紀)의 맥박아, 사회(社會)의 흥분아.
너만이 나에게로 오너라.

이곳에 무랑(武郞)˙˙의 이론(理論)도,
마이스티낼˙˙˙의 자홀(自惚)도,

˙ 괴사성(壞死性)을 의미하는 독일어 nekrotisch. 영어로 necrotic.
˙˙ 아리시마 다케오(有島武郞, 1878~1923), 일본의 소설가.
˙˙˙ 괴테의 소설 『빌헬름 마이스터의 수업시대(Wilhelm Meisters Lehrjahre)』(1795/6년 출간)을 일컫는 일본식 독일어.

춘월(春月)*의 독단(獨斷)도,
하이너**의 정서(情緖)도,
주동(柱棟)***의 병진론(倂進論)도,
모두 일이 없을 터이라.
생생(生生)하게 응시된 현실,
생명을 통제하는 □□에
피 흘리며 싸울 의지(意志)만이,
미래생(未來生)의 부문자(賦問者)와 연결(連結)하리라.
무이(無二)의 추정(推定), 유일(唯一)한 법칙(法則)을 얻기 위하여

아! 그러면 일반(一般)의 사고(思考)야. 일반(一般)의 의지(意志)야.
강보에 어린 나를 반기며 맞지 않으려느냐.
영원(永遠)토록 구도자(求道者)가 되려는 나는,
미래(未來)가 투사(投射)하는 생(生)의 바다로
출발(出發)의 사명(使命)을 진수(進水)시키려 한다.

(1933년)

---

* 이쿠다 슌게쓰(生田春月, 1982~1930), 일본의 시인.
** 하인리히 하이네(Heinrich Heine, 1797~1856), 독일의 시인.
*** 양주동(梁柱棟, 1903~1977), 우리나라 시인, 국문학자, 영문학자. 절충주의 문학인.

생사(生死) 중간(中間)

죽음과 삶 사이로 헤매는
나는 순례자(巡禮者).
눈물과 기도를 잊고
엄연(儼然)한 묵사(默思)에 포착(捕捉)될 제,
나는 죽음을 응시(凝視)하는 화석(化石)에 지나지 않다.

어느 것이 죽음이며,
어느 것이 삶이냐.

분별(分別)없이 사는
내 목숨에 「명일(明日)」이 없으매,
내 자신이 살아있는지, 죽어있는지,
목뢰(木儡)•같은 현실(現實)의 나로구나.

• 꼭두각시

자살(自殺)을 찬미(讚美)하는 자여.
삶을 영광(榮光)으로 느끼는 자여.
죽음 앞에서
슬픔과 공포와 영탄(咏嘆) 없이
생(生)을 의식(意識)한
현실아(現實我)를 보았느냐.

엄마는•

엄마는 내 심장의 피를
도로 이으려 하였건만,
애인은 내 호흡을
막아버렸으므로,
친구는 나의 시체를
무덤으로 옮겼다.

• 1933년 9월 27일 ≪조선일보≫에 발표한 「생활시편(生活詩篇)」의 제4연 '무제(無題)'를 따로 떼어 「엄마는」이란 제목으로 『무심』(1939)에 실었다.

이 마음을

이 마음을 저 나무에
집어넣을 수 없을까.
공간(空間) 속까지
내 마음의 자유(自由)를
빼앗지 않을 테니.

이 마음을 저 물속에
잠기어 흘러갈 수 없을까
물속까지
내 마음의 나아감을
막지 않을 테니

벗에게

그대가
병상에서 죽어진다면
나는 까마귀가 되겠소이다.
슬피 슬피 울게요.

그대가
싸움터에서 죽어진다면
나는 죽은 시체를 옮기겠소이다.
언제든지 잊지 않게요.

그러므로
그대여, 나의 그대여, 안심하라.
내가 살아 있을 때까지
언제든지 안심하라.

보리피리•

보리 이삭 돋아나면
종달새 떠나간다지,
떠나는 그날에도
보리피리 불어주마.

• 1932년 ≪동아일보≫ '아동 페이지' 난에 발표, 4년 후 박태현(朴泰鉉, 1907~1993)에 의해 동요로 작곡되어, ≪아희 생활≫에 삽화를 곁들인 악보가 실렸다.

누에

농부의 뽕을
먹고 자란 누에는
실을 뽑고,
아버지 돈에
의학(醫學)을 공부한 그는
시(詩)를 쓰나니,
아버지에게는
그가 누에처럼 되었다오.

창외(窓外)

책 덮고 머리 씻으며
창밖을 내다보니,
함박눈 뿌리는 곳에
개 소리 없더라.

지는 해여,
눈을 감아다오.
귀양살이가
새 천지가 그리워
달리려 한다.

가다가다,
쓰러질 때에는
남모르게
눈이 나를 덮어 주리라.

(연구실에서)

상흔(傷痕)

몸뚱아리* 상채기**가 아무런들
흠이 없으리까.
맘의 상처는 보이지 않지만
흠을 남기느니.

이 흠이 비록 작다 이른들
멀리 태고(太古)에서
하늘 끝까지 닿으리.

내 어찌
웃음만 잃었다 하리까.
맘의 이웃까지 앗았거니.

---

* '몸뚱이'의 사투리
** '생채기'의 북한어

고독(孤獨)은 나를 달래며
새로운 집으로 이끌건만,
쓸쓸하다 어디메서* 찾으리까.
내 사라진 청춘(靑春)이여.

동경을 되찾기에는
이미 날이 저물었고,
언제든 갓 낳은 어린것은
네 등에 업히어 울거늘.

멀리 간들간들한 비애(悲哀)는
채신머리 없는 나의 영원한 길동무
이르되 흠은 대수롭지 않은 것 같으되,
극히 긴 괴롬을 낳아
슬픔의 궁전을 짓도다.

(1938년)

---

* '어디에서'의 옛 표현

유자(孺子)•

엄마가 널 버리고 떠났다 할지언정
너는 엄마를 잊을 수 없으리.

내 아픈 몸짓과 슬픈 울음이
천이고 만이건만
너를 돌볼 이웃은 없어

어둠과 적막과 외로움과 기다림에
기약 없는 시간을 좇는 너는 병든 병아리.

너는 단 젖과 따뜻한 품을 아꼈을 뿐 아니라,
사랑의 동산을 잃었나니.

• 나이 어린 남자

아! 하늘과 땅은 예와 다름없건만,
너는 세계를 잃은 나그네.

낮이면 하늘에 뜬 구름과 놀고
밤이면 찬바람을 먹고 자랴.

(1938년)

병실(病室)

무덤 앞에 유령(幽靈) 같은 환자(患者)가
생사(生死)의 곡선(曲線) 위에서 아물거리고,

수많은 병마(病魔)가 그들의 지하(地下)에서
합창(合唱)을 부르는 듯.

저기 헤아릴 수 없는 해골(骸骨)들이
어둠침침한 낭하(廊下)에서
시포(屍布)를 펼치며
흑표(黑豹)의 눈알처럼 난무(亂舞)한다.

실신한 듯한 빼드*,
피와 고름에 젖은
묶어 올 사념(思念)의 사슬 속에서
인간(人間) 정신(精神)의 무능(無能)을 탄핵(彈劾)한다.

---

* 베드(bed), 병상(病床)

육체(肉體)가 썩으면 영혼(靈魂)도 썩는다.
오! 사라진 인생(人生)의 봄이여.
잃어버린 눈알 끊어진 발
오장(五臟)의 퇴화(退化)를
통제(統制)할 정신(精神)이 육체(肉體)를 지배(支配)하지 못하거늘.

그들의 내심(內心)의 전율(戰慄)을, 불안(不安)을,
한 호흡(呼吸), 한 박맥(膊脈)의 연결(連結) 속에서
찾지 못할진대,
의사(醫者)여, 너는
오히려 병(病)의 사자(使者)가 될 뿐이다.

병(病)은 사람의 적(敵) 자연(自然) 악의(惡意)의 노예(奴隸)이다.
항쟁(抗爭)하라, 선의(善醫)여,
나날이 네 가슴에 자라는 무봉(碔鋒)이
병실(病室)에서 해방(解放)될 때까지.

(1938년 8월 26일, 경성제대부속의원에서)

수술(手術)

메스와 가위의 뾰족한 밀어(密語)는
환자(患者)의 피를 핥는 혓바닥
납덩이처럼 누운 환자(患者),
해저(海底)로 끌리는 소이다.

썩은 피 냄새가
침전(沈澱)된 생명(生命)에서 차오르고
짧은 호흡(呼吸)이 박탈(剝奪)된 생존권(生存權)을 위협(威脅)한다.

누구가 그 생명(生命)을 보장(保障)하랴.
무자비(無慈悲)한 자연(自然)의 그 살의(殺意)에
투쟁(投爭)하려는 의사(醫師)가 등단(登壇)할 뿐.

대담(大膽)하고 세심(細心)하고 민첩(敏捷)하면서
뭇사람의 피를 아끼는 그는
외과사(外科史)에 귀의(歸依)한 소복녀(素服女).

염왕(閻王)의 눈초리 같은 조명등(照明燈) 아래
배형(焙刑)을 받는 것처럼 조바심을 치는
환자(患者)의 장소(長嘯)
투명(透明)스러운 피녀(彼女)의 율려(律呂)

생(生)을 생(生)으로 알지 않고
죽음을 죽음으로 믿지 않은
찰나(刹那) 찰나(刹那)의 연결(連結) 속에서
모든 신경(神經)을 죽인 강철(鋼鐵) 같은 의지(意志)의 템포가,
피녀(彼女)를 웃기다 울리다 한다.

아사(兒死)

뭇별이 아슬아슬 떠는 이른 새벽,
산비탈 길을 너 어이 가련다.

엄마는 가슴을 찢으며
천만번 더 불렀건만,

너 어이 답이 없는가.
창밖에 바람 소리 요란하고,
등잔불조차 조바심을 치는데,
너는 엄마를 두고
어디로 가려고 눈을 감을까.

네가 엄마를 떠나려고
엄마가 너를 벗어나려고 하는
그 순간(瞬間)의 의식(意識) 앞에
생(生)보다 확실한
죽음이 가로 놓이어지는구나.

그 뜨거운 손바닥, 그 타는 호흡(呼吸)의
염념거리는 하소가
세상에 말 못 하고 떠나간다니.

아! 죽음 그를 자연(自然)으로 돌아갔다고 하리까.
생전(生前)에 의사의 손결에 대이지 못하고,

죽어지는 너를
가련하다고만 할 수 있을까.

가난하고 가난한 탓에
산지(山地)에 살았던 너는
죽을 수밖에
그를 네 엄마는 잘 아니까.

의심(醫心)

나에게는 낮과 밤이 없습니다.
겨울(冬)과 여름(夏)이라니,
설과 추석조차 없습니다.
날이면 날마다
썩은 살에 붕대를 감고
낡은 창자에 약을 지었다만
애닯다, 이 몸만 고달픔이여.
세상에는 위안이란 없도다.

남 위해 하는 일이
어이 이리 어려워,
성현의 말씀도 거짓 같도다.
갈가리 찢어진 손과 주름진 네 얼굴을 보고
웃어줄 이는 없도다.

하지만, 너는 안일(安逸)과 쾌락(快樂)과 기쁨을 앗긴 환자(患者)와 같이,
생(生)을 인식(認識)한 자,
굳게 메스를 들고
의심(醫心)을 두드리며,
동방(東方)에 켜진 불을 밝혀야 하노니,
이같이 쓸쓸한 광야(廣野)에
무덤만 같이 할 죽음과 싸우는 내 앞에,
명예가, 부귀가, 무엇이며,
사랑이 있었던가,
모두가 바라지 못할 것,
그보다는 불멸(不滅)이 진리(眞理)를 찾아서
새 생명(生命)을 이어가야 하리다.

시
『無心』이후

추제삼일(秋題三日)

유탄(有歎)

녹슨 가마에
불을 좀 넣어주오.

배만 두덜대는 신사군(哂事軍)*은
가슴만 친다오.

도리어 풀뿌리가
위장을 정복하니

신촌(新村)

빈 뒤지** 속에 주검이 있다
연달아 어두운 밤을 부른다

---
* 농사꾼
** 뒤주. 경남, 평안 등지의 사투리

그 자비로운 달이 없었다면
야곡(野哭)에 새마을을 흘렸으리라
저 밝은 달의 추파(秋波)에
뭇 망해(亡骸)는 합장(合掌)을 한다.

추인(秋人)

아들도 애비를
닮아서야 기쁘지

가을만이
어디를 보아도
날같지 않아

내 검은 머릿속에서
흰털을 빼고 싶소.

영아보(嬰兒譜)

낮이나 밤이나
문밖에서 어슷거리며
애끓게 어머니를 찾다 찾다
눈물에 젖고 젖었던
가여운 비닭이• 나의 희(喜)야
저 황운변성(黃雲邊城)에는
네 집이 두 해를 먹지 않는데
너마저 떠나가다니.

하늘같이 믿었던
오직 하나인 애비를 헤어져
슬픈 기억(記憶)을 안은 채
어슴푸레 남국(南國)을 향(向)하여
할머니의 요람(搖籃)에로
사라지는 그림자 속에서

• 비둘기. 전남 지역 방언

형상유무(形相有無)를 찾다가
어둡고 무거운 곤고(困苦)도
쓰러져 울었나니.
지난 겨울
점토(粘土)같이 차가운
쓸쓸한 네 얼굴따에●
나는 알뜰살뜰히도
갖은 모욕과 고통을 짓씹으며
네 간(肝)을 쪼아 먹는
맹악(猛惡)한 매와 싸웠건만
푸로매드이쓰●● 나의 희(喜)야

연찬(硏鑽)에 바쁜
내 엄달진 사랑 아래
너는 눈물 마를 날 없이
보채면서라도
아가품●●●을 할 듯이
내 슬픈 숨소리에

● ? 때문에
●● 프로메테우스, Prometheus
●●● ? 아가 품. 아가의 행동이나 말씨에서 드러나는 태도.

「아빠 울지 말고
어서어서 자요」하면서
내 품에 안기는
외짝기러기

나의 희(喜)야 나는 네가
네 생명(生命)을 깨닫고
네 혼(魂)에 사랑이 찰 때까지
나는 내 열정(熱情)으로서
네 생명(生命)의 흐름을
행(行)과 지(智)와
꼴과 빛과 소리 속에서
뚜렷이 네 세계(世界)로
이끌려고 하였더니.

이 여름도 가기 전
너를 키우려던
내 신앙(信仰)의 고-쓰● 위에
내 모-든 노력(努力)이

● ? 독일어 Kurs, 영어 course, 행로(行路)

대해(大海)로 빡이고●

너에게 받이든●● 지성(至誠)이

선풍(旋風)이 되어

내 몸과 맘이 재 될 때까지

그 현실(現實)의 야성(野性)에서

너를 빼앗기지 않으려고

일생(一生)에 없었던 고투(苦鬪)를 겪었다만

네 집은 불이 되고 돌이 되어

허물어지는 비명(悲命) 속에서

괴이한 화복(禍福)이

믿지 못할 구름이 되어

너의 운명(運命)을

절도(絶島)의 통적자(統謫者)로

세파(世波)에 잠기게 하였나니

인생비애(人生悲哀)의

리오-곤●●●된 나의 흠야

● ? 흘러 사라지고
●● ? 바치던
●●● ? 희생양, 지치고 곤란한 상황, 애처롭고 힘겨운 처지.

「아버지 아버지 나하고
같이 살려」하던
너 진정(眞正)한 외침을
내가 깨달을 때까지
이 하늘과 땅과 바다를
잊지 못할 것이며
정의(正義)와 미(美)가
무력(無力)하게도
부랜누스* 앞에서
패배(敗北)의 쓴잔을 들었던 것을
알려야 하겠다만
너는 떠나야만 하는가
나는 남아있어야만 하는가
서로 보고 찾고 만날 수 없으니
너는 사라졌는 것 아닌가
없어졌는 것 아닌가
그러나 내 눈에 네가 아랑거린다
나타난다 움직인다

---

* Brennus. 로마를 약탈 점령한 갈리아 족의 족장

내 귀에는 네 소리가 들린다
부르짖고 고함친다
내 마음에는 너가 부동상(不動像)처럼
머물러있다
내 머리에는 내 생명(生命)같이
정좌(靜坐)되어 있다

저 멀리 묻가는* 다른 아해**들의
엄마 부르는 소리에
가슴이 미어져
바람 소리 빗소리
날이는 안개 지는 꽃에까지
이 간장 끊이나니

실로 어느 것이 내 아들이며
어느 것이 내 딸이든가
남과 내가 한 어머니로 어우러져
얽히고 하나로 나타나노니

---

* ? 묻혀서 가는
** 아이의 옛표현

나는 뭇 아해의 아버지가 되고

너는 뭇 사람을 아버지로 삼아

우리가 찾는 세계(世界)로

투입(投入)하여져야 하겠구나

대리석(大理石)에도 생명(生命)을

이루어 낼 수 있었고

죽은 망령(亡骸)에도 영(靈)을

불어넣을 수 있다 하거늘

너는 나와 같이

에리죤•평야(平野)를 찾아

영원(永遠)히 살아가야 하리다

                    [1938년 11월 1일, 경성(京城)에서]

• 애리조나, Arizona

별후(別後)

사랑이 있어 보아요
죽음보다도 더 아픈
이별을 하겠나요.

내가
싫어
제 몸 찾아
떠난 거라오.

지난날에
바친 진정
한사코 갈라[분석(分析)]낸들
무엇하오.

외로운 쓰라림이
온 우주를 덮어
내 가슴 그늘지더라도
정녕코 진정만이
나를 지니리라

추사(秋死)

잠이 오나,
생각이 죽나,
기나긴 밤을
지새우는 고달픔이
생(生)의 공포(恐怖)에까지
밀쳐 오도다.

내가 사라져야 하나
이 밤이 물러가야 하나,
벽과 벽을
귀를 기울인 채
내 임종(臨終)이
몹시 그리운 양
숨소리를 엿듣는다.

나는 맥을 끊고
사어(死魚)같이 눈알을 부릅뜨다.

또한 피를 씻고
목내이(木乃伊)•같이 귀를 기울이다.

아욕(我慾)이 없고
질시(嫉妬)가 없고
그리고 사랑도 없는 가을이,
초목(草木)에 자살(自殺)을 찬미(讚美)시키며
까마귀에 조상(吊喪)을 권한다.

우수수 우수수 떨치라.
까아 까아 까아 울부짖어라
나는 죽겠노라
잘 있거라 가을이여
슬플 것 하나 없도다

애비가 없고
벗이 없고
사상(思想)이 없는
이 냉회(冷灰)된 지각(地殼) 위에
나를 묻어라.

• 미라(mirra)

그리해서 나는 가을같이 살고
가을은 날같이 죽을지다

생활(生活)도 떠나가라
열정(熱情)도 떠나가라
야망(野望)도 떠나가라

죽어가는 가을에
참다운 인생(人生)의 가을이
움터지고
무르익으러 오리라

(1938년 10월 19일)

진리(眞理)

내가 영원히 죽지 않는다면
한 번이라도 그네들 만나려만

목숨은 짧고
길은 끝없이 멀어

내 앞으로 걸어오는 죽음이여
너만이 슬프겠는가

(1938년 11월 4일)

기원(祈願)

일각(一刻)을 잃어 일생(一生)을 여읜 생애(生涯)의
경위(經緯)를 살펴라.
지난날 그놈의 「추상명사(抽象名詞)」에 속아
「무(無)」에서 무엇을 찾았나.
「머리」의 철학(哲學)에 「머리」의 예술(藝術)에 「머리」의
과학(科學)에
그리고 혼(魂) 없는 논리학(論理學)에,
　그림자까지 빼앗기지 않았던가.
　소경으로, 귀머거리로, 절뚝발이로, 텅 빈 머리로
　자신을 버린 채, 제 몸을 잊은 채,
이상(理想)과 욕구(慾求)에, 정의(正義)와 애(愛)에,
자아형성(自我形成) 내재적(內在的) 노력(努力)에의
인형극(人形劇)을 베풀었다

흑막(黑幕)! 흑막(紅幕)!
　그까짓 것쯤이야 알아졌을 것이련만,

백막(白幕)에는 백막(白幕)에는

  풀어도 풀어도 텅 빈 채

  사람이라고는 나타나지 않았다

너는 먼저 관객(觀客) 앞에서 네 머리를 끊어라.

  네 눈을 베어라. 네 귀를 도려내라.

  네 손을 꺾어라. 네 발을 잘라라

너의 죽음의 종말(終末)과 함께 신무대(新舞臺)를 낳기 위하여.

사 · 생(死 · 生)

뙤약볕도 찬 그늘도
모두 싫다
땅속의 두더지가
얼마나 나으리

내 꼴 안 보이고
남의 꼴 꺼리며
추근한• 지가(地家)에서
갇힌 듯이 살리

바람도 없다
불도 죽다
때아닌 꿈만이
연거푸 설레어—.

• '물기가 조금 있어 축축한'의 뜻을 지닌 북한말

정(精)도 마르고
기(氣)도 얼어붙어
맨 데 없는 몸만이
그네를 뛰네.

그러나 머묾밖에
아무것도 없나니
더 멀리 내다보매
몸뚱이 그대로세

이 몸에는
길음도 없고

이 몸에는
자라남도 없고

이 몸엔
그리움도 없고

이 몸에는
감춤도 없고
그러므로 너는
큰 것도 묘(妙)한 것도
성(聖)도 악(惡)도 없이
죽음에서 돌아서다.

낙엽(落葉)

확실히 낙엽(落葉) 소리인데
낙엽(落葉) 소리는 들리지 않아

만중(萬衆)을 짓씹는
폭왕(暴王)의 철성(鐵聲)같도다.

오! 수많은 생명(生命)의 깨어짐이여!
누가 진정(鎭定)하겠더라고ㅡ.

우두둑우두둑 지는 낙엽(落葉)마다
피냄새가 나다

(1938년 10월 18일)

사월(四月)

깊이 감추어둔 나의 정령(精靈)까지
죽! 죽! 빨아들이는 봄이
  새쁘• 바쁜 듯이
  창 밖에서 노크를 한다.

바라보니 아침에 봉오리 벚꽃이
  한나절에 활짝 피어서는
영원(永遠)히 이뤄지지 못할 나의 봄을
탄식(歎息)하여 읊는다.

봄! 봄! 봄에도 사월(四月),
사월(四月)이면 서울의 봄
너는 나와 몇 번이나
나누이고 만나게 하려느냐.

• 새삐릿다. '매우 많다'는 뜻의 경상도 사투리

하지만 너는 오가지도 말고
사월(四月) 그대로
영원(永遠)히 젊은 그대로
머물러 주려마.

나도 병과 괴롬과 죽음을 잊고
청춘(靑春) 그대로
인생(人生)의 봄 그대로
길이길이 살고 싶건만.

사월(四月)이여 너는 또다시 나를 배역하고
나의 사랑 나의 정성을
나의 연구(硏究)를 빼앗으려나,
피로(疲勞)속일망정 인간(人間)의 한숨이
너보다 가벼워져야 하리라.

(1939년 4월 17일)

선언(宣言)

눈의 사람 귀의 사람 입의 사람이
싫어진 날부터 나의 머리는 아팠노라

벗이여 나를 보지 마시오
꼭 보고 싶거든 눈을 감고 보십시오
저도 눈을 감고 보겠습니다.

벗이여 나에게 묻지 마시오
꼭 묻고 싶거든 귀를 막고 물으시오
저도 귀를 막고 듣겠습니다.

벗이여 나에게 말하지 마시오
꼭 말하고 싶거든 입을 닫고 말하시오
저도 입을 닫고 말하겠습니다.

그리해서 눈도 귀도 입도 없는 헬렌 켈러가 되어
다시 눈과 귀와 입을 가져야겠습니다.

[성대(城大) 연구실에서]

산문
소설(小說)　수필(隨筆)
비평(批評)　논설(論說)

의사(醫師)의 조수(助手)

(一)

 의사가 젊은 마장군*에게 끌려서 문밖으로 나아갈 때는 겨우 열 시가 넘은 봄밤이었다.
 이를 보는 조수는 선생 가는 것을 멀거니 쳐다보고 있을 수밖에 없었다.
「선생님 어디로 가십니까.」
「내 좀 면사무소에 갔다 오니 누가 찾거든 전화를 해주어.」
 의사와 조수 사이에는 간단한 말이 교환된 후 의사는 몇 사람 젊은 마장군과 같이 윗길로 걸어갔고 조수는 자기 침실로 들어갔다.
 조수가 잠이 들기까지 멍하게 누워있기에는 싱거웠다.
 침묵 속에서 의사에 대한 일을 생각해 보려고 하였다.
 소위 의사라면서 젊은 사내들을 상대로 날마다 밤마다 마작만 하니 제일 먼저 그 마누라가 좋아하지 않는 것은 물론 지방 사람들의 비난과 경찰서의 주시도 있었던 것이다.

---

* '마작꾼'의 북한어

그 주시를 막고 그 비난을 피하기 위하여 면사무소로 가는 것이다.

이만큼 된 의사를 살피면 동정은 하고 싶지만, 그것을 지각 못한 의사에게 무슨 큰 봉변이 생기든지 해야 마작(麻雀)을 뚝 끊을 것이라고 생각들었다.

사실 그리되는 것이 좋을 듯싶었다.

날마다 밤마다 되도 못 한 젊은 사내들에게 행패한 말을 들으면서 심부름을 해주어야 하고 또한 짧은 밤에 잠을 자지 못하고 그들과 같이 기침해야 하니 조수는 몸이 피곤하기 짝이 없었다.

그리고 의사 마누라가 어떻게 해야 의사의 마작 병을 고칠까 하여 라디오 신설, 축음기 매입, 레코드 선택 등 가진 일을 다해도 고칠 수 없어 기진맥진해 있다는 것이다.

말하자면 조수는 자기의 피로 축적을 물리치며 그 마누라의 애쓰는 꼴에 갚음이 있으려면 의사의 내성보다 외계의 타격이 필요할 것 같았다.

여기까지 생각해 본 조수는 새삼스러운 생각에 잡히고 말았다.

의사에게 봉변이 생기고 외계(外界)에서 타격이 온다면 조수 자신에 미치는 영향은 어디로 가며 어떻게 될 것일까를 추급한 까닭이 있었다.

의사의 비평이 낮아지고 영업상 지장이 생기면 이어 수입 문제가 따를 것이다.

만일 수입이 줄어지면 의원의 유지 문제가 생길 것이며 자기의 생계 문제가 일어날 것이다.

이와 같이 되어 자기 생계 문제가 일어난다면 자기 홀어머님의 봉양과 누이동생의 시집보낼 것과 자기가 살아갈 길이 운무 속으로 아득히 사라지고 말 것 같았다.

그러므로 의사가 악하든 불량하든 타락하든 자기에게 문제가 될 리가 없었다.

어찌하였든 의원의 수입이 많아져서 그 덕에 하루라도 더 자기 전체생활(全體生活)에 안정이 있었으면 싶었다.

그러므로 의사에게 봉변이니 타격이니 하는 문제를 끌어내어 현재 의원 유지에 악영향이 오게 하고 이로 인하여 의사의 내성을 바란다는 것은 유치한 생각이며 또한 어디로 보든지 배은망덕한 짓이라고 생각들었다.

어디까지든지 조수는 의사에게 충실하여야 할 것이며 그다음에 자기 일을 충직하게 하여야 하리라고 믿었다.

(二)

이렇게 생각하고 보니 조수는 자기 마음의 변화에 놀라지 않을 수가 없었다.

사람의 마음이란 일일 삼 천 심이라고 하더니 조수는 스스로의 생각에는 일일(一日) 억 만 심이라고 해도 가당할 만하였다.

이러고 보니 마음의 변화로부터 거기에 준비될 행동도 변할 줄로 믿었다.

「옳지. 그러면 의사에게 마음에 변화를 일으킬 적당한 조건을 만들자. 그러려면 마작하는 시간의 여유를 빼앗자. 시간이 없어지면 한가한 노릇은 하지 않을 터이다.」

그러나 이것이 용이한 일이 아니며 조수 자신으로서는 되지 않을 것을 알았다. 여기에는 수많은 사람이 이의원을 향하여 찾아와야 하겠다는 것이다.

참으로 큰 계획인 듯하며 엉터리없는 공상인 듯도 하였다.

첫째, 의사 기술도 기술이거니와 환자를 취급하는 태도가 도무지 알맞지 않은 것이다.

그뿐 아니라 병에 대하여 학구적 태도로 신지식을 얻어가며 경험을 풍부하게 하려고 안 할뿐더러 환자에 대하여 지성조차 없다는 것이다.

늘 의사는 그러면서 환자 측에서 의사 대우가 나쁘다고 말하며 돈을 내놓지 않는다고 말하는 것이다.

그러다가는 어느 때에는 「조선 사람은 나빠 일본 사람처럼 의사의 말을 절대 복종해야 될텐데 분량 이외의 약을 먹고……죽으면 의사가 일러준 말은 똑 따먹고 책임을 의사에게 전가하려는 야매한 짓이나 할 줄 알지 어디 의사의 혜택이라곤 조금도 모르고 보니……」라고 말하는 것이다.

이것이 누구의 죄인지 조수는 알 수 없다고 생각하면서 조선의 특수 사정―조선 문화를 일본문화 수준에 비준하는 꼴이 얄밉기도 하며 조선 사람의 무지도 비웃고도 싶었다.

하나 좌우간 의사 자체의 인식 부족이라고 조수는 느끼지 않을 수 없었다.

그것에는 농촌농부 촌부인들이 병으로 인해 고치러 오면 거기에 대한 의사의 오만한 태도와 일본 사람이 찾아오면 거기에 대한 갖은 겸손을 다하는 태도를 비춰보면 단연코 의사는 돈밖에 모르는 노예심의 소유자라는 사실을 조수는 누구보다도 알 수 있다는 것이다.

그뿐 아니라 매독 3기에 이른 육아조직(굼마)● 의 치료를 요하던 크투라로 환사●● 를 기만히던 일…….

그리고 호흡이 빈박하고 납빛처럼 얼굴에 치아노재●●● 를 쓰고 있던 디푸데리●●●● 환자를 혈정 주사 한 대로 쫓아내던 일.

● '굼마(Gumma)'는 매독의 3기, 즉 후기 매독의 특징적인 증상 중 하나로 나타나는 병변이다. 매독균(Treponema pallidum) 감염 후 수 년에서 수십 년이 지난 시점에 발생할 수 있다. 굼마는 일종의 육아종(Granuloma)성 병변으로, 염증 반응으로 인해 조직 내에 생기는 부드러운 덩어리이다. 여기서 '육아조직'이라는 단어가 쓰이는 것은 조직학적으로 볼 때 염증 세포와 섬유아세포, 신생 모세혈관 등이 모여 형성되기 때문이다.
굼마는 피부, 뼈, 관절, 간, 뇌 등 다양한 장기에 발생할 수 있으며, 발생 부위에 따라 심각한 기능 장애를 유발할 수 있다. 예를 들어, 뇌에 발생하면 신경매독으로 이어질 수 있다.
●● '크툴루 환자'는 크툴루 신화의 광기나 불가사의한 영향에 노출되어 정신적, 육체적으로 이상 증세를 보이는 인물을 지칭할 가능성이 높다. 이는 질병으로 분류되는 '환자'라기보다는, 크툴루 신화의 세계관 내에서 발생하는 독특한 상태를 묘사하기 위한 표현이다.
●●● '치아노제(Cyanosis)' 또는 '청색증(靑色症)'이라고 불리는 증상을 말한다. 청색증은 어떤 이유로 인해 적혈구 속 헤모글로빈이 산소와 충분히 결합하지 못하게 될 때, 피부나 점막의 색깔이 푸른색으로 변하는 증상을 의미한다.
●●●● 디프테리아

또 상악골 먹고● 콧구멍 바로 밑까지 적자색을 띈 수암●●을 루골액으로 닦고 「요도포름」을 쳐 주던 일.

이와 같은 일은 너무도 심상하며 하루에도 한두 번은 보는 일이다.

가장 뼈아프고 가슴 찔리는 것이 있으니, 그것은 조수가 이 의원에 와서 처음 보는 일이었다.

참혹하다면 끝없이 참혹하고 불쌍하다면 한정 없이 눈물겨운 일이었다.

그것은 다른 것이 아니었다.

지금으로부터 두 달 전 어느 날이었다. 사실 그날은 몹시 추웠다.

그날 하필 어떤 한 늙은이가 의원으로 찾아왔다.

그의 말에 의하면 자기가 이 세상에 나서 한 번도 약을 먹어본 일도 없었고 또한 병원에 가본 적도 없었다고 한다.

따라서 의사의 손을 거쳐서 진찰을 받아본 적이 없었다고 한다.

그러나 어쩐지 늙어지니 없던 병도 생기고 생기는 병은 낫지 않고 더하여가며 또한 점점 약해져서 오늘 같은 경우에 이르렀다고 하며 죽기 전에 의사의 진찰이나 한번 받아보고 죽겠다는 것이다.

그때 조수는 노모가 있었던 관계인지 늙은 아버지가 임종 시까지 약 한 첩 쓰지 못하고 죽어갔다는 관계인지 늙은이에 대하여 끝없는 동정이 떠오르고 말았다.

● '윗턱뼈(상악골) 부위에 병이 들거나 손상된 상태'를 옛스럽게 표현한 것으로 뼈에 문제가 발생했다는 뜻이다.
●● 당시 종양 등을 일컫던 표현이다.

그태서* 조수는 의사에게 진찰을 청하려고 안방에 들어갔다 나왔다.

그때 조수는 가슴이 홀홀하였다.

의사는 돈 없는 환자가 오면 거절하다시피 냉정하게 굴 뿐만 아니라 그 환자가 가고 나면 조수에게 눈치 없다고 꾸중하게 되는 것이다.

이러한 소리가 또한 반복되지 않을까 싶었다.

어쨌건 이 환자를 위하여 모든 것을 참고 눈감아 버리려고 하였다.

그러자 의사는 이어 나왔다.

환자를 보니 매우 심하게 안 좋게 보이는지 「언제 왔소.」하며 청진기를 빼어 들고 그 환자를 노려보는 것이다.

그 늙은 환자는 거미 같은 손을 홀홀 떨며 뼈만 남은 가슴을 내미는 것이다.

툭툭 몇 번 타진을 하여보더니 입맛을 다시며 「병이 꽤 위독한데 돈은 얼마나 가져왔소.」하였다.

이 말을 들은 늙은이는 암상하게도 거무튀튀한 얼굴을 내밀고 눈물을 흘리며 「자비심 많으신 선생(先生)님에게 동정을 받아서 병을 고치려고 왔습니다. 후일에는 몸으로서 보은을 다 하겠습니다.」

이와 같은 말은 의사 귀에 둔해질 만큼 익숙해지고 있었다.

---

* 옛말이나 지역 방언에서 '그때서야', '그제서야' 와 같은 의미로 사용된 표현이다.

그러므로 의사는 그 환자의 진정도 알 수 없거니와 알려고도 하지 않았다.

다만 다 같은 사람들의 흔히 하는 하소연이라고 믿었다.

따라서 의사는 뚝 말을 쏘아 놓는 것이다.

「그런 말은 귀가 아프도록 들었소.」하고는 안방으로 들어가고 말았다.

그때야 비로소 세상의 무정을 깨달은 듯이 늙은이는 굵은 눈물을 떨어뜨리는 것이다.

조수는 이를 보고 어쩔 수 없었다.

자기가 부담하더라도 치료를 한번 하여 주었으면 싶었다. 단 한때나마 위안을 해주었으면 싶었다.

그렇지만 조제를 해주고 또는 주사를 놓아주고 하면 의사의 역정 내는 꼴은 그지없을 것이다.

그뿐 아니라 조수를 그다음부터는 자기 마음대로 하는 놈이라고 여길 것이다.

참으로 조수는 나아갈 수도 없고 물러설 수도 없어서 마음이 몹시 초조하였던 것이다. 그래서 조수는 무거운 머리를 절절 흔들며 자못 괴롬이 있는 듯이 의자에 퍽 주저앉았다.

이를 물끄러미 쳐다보는 늙은이는 절박해 오는 호흡이 나오지 않는 말을 끌어냈다.

「참으로 감사합니다. 그까지 수고해 주시니 무엇이라고 말하겠습니까.」

조수의 귀에는 미안하기 짝이 없다는 소리로 들리었다.

「제 마음 같으면 치료를 해주었으면 좋겠습니다마는 할 수 없습니다.」

「네 그렇겠지요. 잘 알았습니다. 그만큼이라도 마음으로 동정해 주시니 기쁘기가 한량없습니다.」하고는 늙은이는 더듬더듬 비꼬인 다리를 질질 끌고 나아갔다.

「아 가련하군. 어찌하여야 이를 동정하며 돕겠느냐. 돕지 못한다면 마음만이라도 기쁘게 해줄 수는 없는가.」 한 생각이 조수의 머리에 치밀던 찰나 문밖으로 나선 늙은이는 넘어지고 말았던 것이다.

「악」 소리를 치며 조수는 쫓아 나와서 늙은이를 일으키려고 했다. 하나 늙은이는 일어나지 못하였다.

꽉 다문 이빨 밑에는 찬바람이 스쳐 나왔다. 별안간 사지(四肢)는 꿋꿋해지는 것이었다.

「늙은이는 죽었다.」하는 직각이 조수의 머리를 스쳐놓고 말았다.

그 순간 조수는 그 늙은이에 대하였던 동정이 뚝 끊어지며 가슴이 머뭇머뭇해지는 것이다.

그러나 그 늙은이의 죽음을 고해야 하겠으므로 늙은이가 죽었다고 큰 소리로 외쳤다.

의원 문 앞으로 오는 사람들이 발을 멈추고 모여들자, 의사와 마누라도 뛰어나왔다.

그때 조수가 의사를 보는 눈은 일생(一生)에 처음 긴장된 눈초리였다.

묵인과 침묵 속에 교류되는 의사와 조수 사이에는 어떠한 비밀이 숨어 있는 듯이 다른 사람들에게 보이고 말았던 것이다.

시체가 면사무소원 지시로 옮기어 간 다음 조수는 이렇게 생각한 것을 기억해 냈다. 도울 사람을 도와야 한다. 그러나 돕자면 돕는 방식을 강구하지 않을 수가 없었던 것이었다. 아무리 마음만 가지고 돕는다고 하지만 치료까지 안 한 이상 참다운 도움이라고 볼 수 없다.

그러므로 의사를 속여서라도 쓰러지는 환자를 위하여 동정하자는 것이었다.

그것이 자기로서는 가장 타당한 일이고 불쌍한 환자를 돕는 유일의 방도라고 믿지 않을 수가 없었다.

이만큼 신념은 깊어졌다. 이리 되고 보니 쫓겨 나와도 좋다는 것이다. 그는 목숨을 내놓으면 아무것도 겁 없다는 것이었다.

이와 같은 심경의 경과를 겪어온 자기 마음이 약한 탓으로 의사에 충실하여야 하겠다니 업무에 충실하여야 하겠다니 하는 것을 생각하게 되는 것이다.

무엇보다도 「먼저 환자를 위하여 싸우라.」하는 것이 그날 침상에서 누워서 여러 가지 생각한 결과 결정적 단안이었다.

(三)

이와 같은 결정적 단안을 시험한 사람이 그날 밤 조수가 잠들기 전에 나타나고 말았다.

「여보십시오. 의사 이런 일이 있습니까?」

이 소리를 듣고도 죽은 듯이 코만 골고 있던 조수였지만 의사 찾는 이가 의사를 선생이란 칭호를 부르지 못하는 것을 보면 촌사람이란 것을 직각하였다.

「여보십시오. 의사 어른 있습니까.」

똑같은 말로 의사를 찾았지만 조금 급박되는 어조이었다.

이 소리에는 조수는 누워있지 못했다. 밖으로 나가서 안으로 안내하였다.

방안에 앉혀 놓고 보니 한 농부에 지나지 아니하였다.

조수는 농부가 의사를 찾는다는 것은 신통하지 않다고 느꼈지만 이미 의사를 찾아왔고 또한 자기가 안내해 드린 사람이라「어디서 왔습니까.」라고 물었다.

「저 방 참봉이 앞에서 왔습니다.」이 소리에는 조수도 귀가 솔깃해지는 것이다.

참봉과 돈 있는 사람 그것을 연상한 까닭이다.

그래 조수는 입을 열었다.

「참봉 어른은 어디 있습니까.」

「저 쇠마을이란 곳 큰새나리집입니다.」

그 농부는 묻지 않은 말까지 대답하고 말았다. 조수는 또 큰새나리집과 넉넉한 집 그것을 연상하였다.

의도(醫徒)의 수기(手記)•

사람이 사람의 생명(生命)을 구(救)한다는 것이 어려운 것이다. 이에는 열정(熱情)과 동정(同情)과 노력(努力)이 있어야 하는 까닭이다.

의사(醫師)치고 이 삼대요소(三大要素)를 망각(忘却)한다면 의(醫)가 활인술(活人術)이 아니고 도리어 살인술(殺人術)이 되고 말 것이다.

노력(努力)이 없는 자는 실험(實驗)을 등한(等閑)히 하며 기술연마(技術研磨)를 거념(擧念)하지 않을 것이다.

동정(同情)이 없는 자는 생명(生命)을 대상(對像)하지 않는 물물교환(物物交換)하는 것 같은 의식(意識)밖에 없을 것이다.

열정(熱情)이 없는 자는 의학(醫學)을 응용(應用)한다는 것보다는 이용(利用)할 것이다.

이와같이 열정(熱情), 동정(同情), 노력(努力)이 없이는 의사(醫師)로서 인격자(人格者)라고는 할 수 없다.

그러나 이 삼대요소(三大要素)를 가진 의사(醫師)는 참으로 희유(稀有)하다. 이 삼대요소(三大要素) 중(中) 일요소(一要素) 혹(或)

• 이 글은 '평양의전(平壤醫專) 김대봉'으로 〈학생작품(學生作品)〉 난에 발표했다.

은 이요소(二要素)를 구비(具備)한 의사(醫師)는 드문 것은 아니다. 노력가(努力家)에는 코흐가 있고 동정가(同情家)에 제너가 있고 열정가(熱情家)에는 파스퇴르가 있다.

이들 노력가(努力家)의 명석(明晳)한 실험적 추리(實驗的 推理)와 이론적 사색(理論的 思索)에 의하여 인류(人類)의 수수께끼 같은 사실(事實)이 해결(解決)되고 이를 동정가(同情家)의 심원(深遠)한 성의(誠意)와 위대(偉大)한 포부(抱負)에 의(依)하여 인류(人類)의 미신(迷信)과 무혹(誣惑)을 일소(一掃)하고 이들 열정가(熱情家)의 혈루(血淚)와 노한(勞汗)에 의(依)하여 인류(人類)의 무의(無意)한 죽음과 희생자(犧牲者)를 구할 수 있었다. 오- 의사(醫師)의 위대(偉大)함이여 너는 영원(永遠)히 열정(熱情)과 동정(同情)과 노력(努力)을 잊지 말지어다.

일의사(一醫師)가 한 사람을 병마(病魔)에서 건져내었다는 사실(事實)이 일인사(一人事)가 한 사람의 치명적 위험(致命的 危險)을 물리쳤다는 것과 무엇이 다르랴.

전자(前者)의 사실(事實)은 암암리(暗暗裡)에 없어질 뿐인가, 없어지지 않는다면 당연(當然)한 귀결(歸決)로 해석(解釋)되고 마는 것이다. 그와 반대(反對)로 후자(後者)에 있어서는 사회문제(社會問題)로 전화(轉化)하지 않으면 사인(斯人)에 대(對)한 몇몇 인사(人士)들의 감사(感謝)와 포상(表賞)과 아울러 명예(名譽)가 부수(附隨)되는 것이다.

사회(社會)는 이렇듯이 의사(醫師)에 대(對)하여 냉혹(冷酷)하고 무심(無心)한 것이며 일반인사(一般人士)의 특수행위(特殊行爲)에 대(對)해서는 유심(有心)하고 후대(厚待)한 것인가.

연전(年前)에 동경(東京)에서 마츠모토 쿤도(松本訓導)가 그 애제(愛弟)가 익수(溺水)되자 그를 구하고자 드디어 익사(溺死)한 사실(事實)을 사회(社會)는 어떻게 해석(解釋)하며 탄차(嘆嗟)하였던가˙.

일(一)이 책임감(責任感)의 희생자(犧牲者)라고 하면 일(一)은 신임(信任)의 □차자(□侘者)라고 추앙(推仰)하고 일(一)이 동정(同情)의 유로(流露)라고 하면 일(一)은 교육자(敎育者)의 일상수양(日常修養)의 귀결(歸決)이라고까지 이르렀다.

그런데 일의사(一醫師)가 전염병환자(傳染病患者)를 근절(根絶)하고자 노력(努力)하다가 비명(非命)으로 죽었다면 사회(社會)는 무엇이라고 말하고 있는가.

사회(社會)는 의사(醫師)에 대(對)하여 너무도 어둡고 무간섭(無干涉)인 것이다.

그러나 사람이란 언제든지 시간적(時間的) 차이(差異)에 감명(感銘)되는 도차(度差)에 감응할 뿐이다.

급격(急激)한 변화(變化) 즉 자극적(刺戟的)이고 이타적(利他的)인 데에서 동정(同情)이 있고 여론(輿論)이 있고 포상(表賞)이 있고

˙ 안타까워하며 슬퍼했던가

기념(記念)이 있고 구전(口傳)이 있고 소설(小說)이 있고 시(詩)가 있고 교훈(敎訓)이 있는 모양이다.

물론(勿論) 이것이 생활양식(生活樣式)과 직업별(職業別)과 사회적 관련(社會的 關聯)된 제반양식(諸般形式)의 차이(差異)가 있겠지만 사람을 구해내었다는 사실과 사람을 위해 희생(犧牲)되었다는 사실(事實)에 의거(依據)한다면 의자(醫者)의 병적(病的) 성의(誠意)와 희생(犧牲)도 간과(看過)할 수 없을 것이다.

그러나 아직도 문제 될 바 없고 설혹(設或) 문제(問題)가 된다고 할지언정 의사(醫者)로서 쾌재낙호(快哉諾乎)•라고 부르짖을 일은 없을 것이다.

• 좋아서 소리치거나 환호하다

수필隨筆

진찰실 풍경(診察室 風景)

 병실의 환자를 본 다음 담배를 피워 물고 진찰실로 뛰어들 때는 으레 환자가 수십 명씩 기다리고 있다. 나는 환자들에서 아침 인사를 받자 이어 진찰실로 간호부에게 가리켰다.•
 기민하고 얌전하고 근실한 간호부는 나의 담배가 재떨이에 떨어지자 잇달아 환자를 재촉하며 불러 넣는다.
 나는 쉴 새 없이 가제 교환을 마치면 마치는 족족 불과(不過) 삼십분(三十分) 미만(未滿)에 삼사십명(三四十名)의 환자(患者)를 마치는 것이다.
 나는 빠르게 환자를 보지 않으면 수술(手術)대에 오후(午後)까지 기다리고 있는 환자에게 시간(時間)을 어기게 되는 것이다.
 만일(萬一)에 환자들의 사소한 사정만 듣다가는 열흘에 한 사람이나 보아낼 둥 말 둥 실로 지난(至難)한 일로 화한다. 왜 그런가 하면 그들은 무료 치료하는 이들이라 으레 그들 중에 두세 사람만 입원시킨다 하더라도 여간 시간이 걸리는 것이 아니다. 병실에 전화를 거는 등 수속을 마치는 등 가루다••를 쓰는 등 참으로 땀을 뺀다.

• 나는 환자들에게서 아침 인사를 받자 이어 진찰실로 안내하라고 간호부에게 가리켰다.
•• 진료기록지(차트)

이것이 끝나면 서지 못하는 환자라면 업어서 드리고 손을 쓰지 못하는 환자에게는 이(虱)까지 잡아주는 친단(親但)*까지 가져야 한다. 이가 진찰로 방산(放散)할 염려(念慮)가 있어서 그리하는 것은 아니다. 병독(病毒)을 운반(運搬)하는 위험(危險)을 알기 때문에도 아니다. 그저 불쌍하니까 하는 노릇이다.

그리고 날마다 누더기(襤褸)를 걸친 걸인(乞人) 같은 병자(病者)들의 등살에 더덕더덕 눌어붙은 때를 닦아가며 쓰다듬어주는 아양까지 지녀야 한다.

만일에 금전(金錢)에 대(對)한 세간적(世間的) 야심(野心)이 있었다면 삼개년(三個年) 동안이나 무료 환자와 싸웠을 리도 없고 지위(地位)와 사랑과 명예(名譽)에 대하여 좀 더 자부심(自負心)이 있었다면 이와 같은 일을 집어치운 지 벌써 오래일 것이다. 내가 월간(月刊) 여원수입(餘圓收入)을 포기(抛棄)하고 대학(大學)의 문을 두드리게 된 것도 모두를 단념(斷念)하고 수도(修道)의 생활(生活)을 하겠다는 일념(一念)이 있는 까닭이다. 그러므로 내가 그들을 위하여 땅속의 달팽이가 되는 한이 있더라도 생명(生命)의 불멸(不滅) 속에서 내 청춘(靑春)의 의의(意義)를 찾으려는 것이 아닐까.

하지만 창밖에 쭉쭉 뻗어 나가는 수양버들을 바라볼 때 멀지 아니하여 봄은 대지(大地) 위에 무르익을 것이 다만 몹시도 살겠다고

---

* 환자에게 보여주는 지극히 개인적이고 정성스러운 보살핌 또는 헌신적인 태도

애쓰며 죽지 않겠다고 발버둥 치던 사람들이 봄의 환상(幻想)과 함께 시들고 말지 않는가?

「선생님 살려주오.」 그들이 나에게 남기고 간 유언이 있다면 그것밖에는 아무것도 없다.

이럴 때마다 나는 나의 무능(無能)을 탄(歎)하며 주먹을 불끈 쥐고 의서(醫書)를 두드리며 생(生)의 사자(死者) 백의(白衣) 그대로 온몸을 얽매고 두어야 할 것이 아닌가.

그렇다. 너에게 아무런 불평(不平)과 불만이 있다고 하더라도 그들의 고통(苦痛)을 덜어준다는 것이 죽어간 사람들의 유언(遺言)에 대한 갚음이 아닐까.

그렇다면 산 사람의 병든 몸덩이를 위하여 나의 정열의 피를 뿌리고 싶지 않은가.

이와 같은 성의(誠意)와 노력(努力)과 근면(勤勉)을 가지고 싸우던 사람이 병원(病原)에 전염(傳染)되어 희생(犧牲)된 이가 몇몇이나 되었느냐. 저 유명(有名)한 발진(發疹)티푸스의 권위자(權威者) 리케츠가 그 병에 희생되었고 호열자(虎烈刺)* 의 권위 페텐코퍼가 그렇거늘 병마(病魔)와 싸우는 사람은 언제 어느 때 죽는지 알 수 없는 제일선(第一線)에 선 병사(兵士)가 아닐까.

만일(萬一)에 의사(醫者)가 병사(兵士)라면 그이에게도 틀림없이

---

* 극심한 설사와 탈수를 동반하는 치명적인 질병인 콜레라(cholera)를 가리킨다.

사지(死地)가 있을 것이다. 질전즉존(疾戰則存)이요 부질전즉망(不疾戰則亡)•이라.

이와 같이 나는 생명(生命)의 불멸(不滅)과 싸우고 싶으며 제 생명(生命)의 위험(危險)과 저해(阻害)와 침략(侵略)에 대하여 주의(注意)를 게을리하지 않는다.

이은상 씨(李殷相氏)처럼 산다는 그것이 필경(畢竟) 그로 하여금 아직 이 세상에 살아있게 하였고 또 나를 살게 한 것이고 이 세상 모-든 사람을 살아 있게 하는 것이 아니고 무엇이라고는 절대(絕對)로 부르짖고 싶지 않다. 생지축지생이부존(生之畜之生而不存) 위이불시장이부재(爲而不恃長而不宰)••라는 위대교훈(偉大敎訓)

• 이 구절은 고전 병법서인 『손자병법』에 나오는 중요한 전략적 원칙 중 하나.
'疾戰(질전)'은 '빠르게 싸운다'는 의미. '則(즉)'은 '~하면'이라는 뜻이고, '存(존)'은 '살아남는다', '존속한다'는 뜻. 따라서 빠르게 싸우면 살아남는다는 의미.
'不疾戰(부질전)'은 '빠르게 싸우지 않는다'는 의미. '則(즉)'은 마찬가지로 '~하면'이고, '亡(망)'은 '망한다', '멸망한다'는 뜻. 따라서 빠르게 싸우지 않으면 망한다는 의미.
 더 이상 후퇴할 곳이 없는 절체절명의 위기 상황에서는 꾸물거리거나 망설이지 않고, 마치 질풍처럼 빠르게 결정하고 신속하게 행동해야만 살아남을 수 있으며, 만약 그렇게 하지 않고 지체한다면 결국 망하게 된다는 의미다.
•• 이 구절은 노자(老子)의 도덕경(道德經) 제51장에 나오는 내용. 다만, 첫 번째 부분 "生而不存(생이부존)"은 원문과 다소 차이가 있는 것으로 판단된다. 도덕경 원문에서는 보통 "生而不有(생이불유)"로 나온다.
도(자연의 근본 이치)가 만물을 낳고, 덕(도의 작용)이 만물을 기른다. 만물을 자라게 하고 기르며, 편안하게 쉬게 하고 성숙시킨다. (만물을) 낳고도 소유하지 않는다. (만물을 위해) 행하고도 (그 공을) 내세우지 않는다. (만물을) 자라게 하고도 지배하지 않는다.
이 구절은 자연의 도(道)가 만물을 생성하고 성장시키되, 자신의 공적을 내세우거나 만물을 소유하거나 지배하려 들지 않는 '무위자연(無爲自然)'의 태도를 설명하고 있다. 만물이 스스로 존재하고 발전하도록 맡기는 것이 진정한 도의 모습이라는 뜻이다.

이 있기 때문에 나는 모든 빈곤(貧困)과 고난(苦難)과 박해(迫害)와 모함(謀陷)을 염두(念頭)에 두지 않고 굳세게 살려는 것이 아닐까. 일찍이 보들레르가 사람을 위하여 가장 큰 일이나 한 것처럼 이렇게 말했다.

나는 유서(遺書)가 싫고 묘지(墓地)를 미워하노니
차라리 세인(世人)의 눈물을 애원(哀願)함보다는
사라서*가 마귀를 불러 내 더러운 시체(屍體)의 온갖 낡은 피를 빨아 먹이고 싶노라 [이하윤역(異河潤譯)]

얼마나 무위무심(無爲無心)을 모르는 말이냐. 제 썩은 맑은 피를 빨아먹은 놈이 어디 있다는 말이냐. 예술(藝術)도 이리되면 자가모독(自家冒瀆) 이외(以外) 아무것도 아니다.

무상(無常)과 이기(利己)는 의자(醫者)를 저격(低格)하는 강적(强敵)이다. 속히 환자(患者)를 불러 넣어라. 시간(時間) 안에 한 사람이라도 더 많이 보자.

네 살 먹은 어린애가 으스스 추워하면서 들어온다. 작년(昨年) 여름부터 농흉(膿胸)으로 말미암아 내게 치료를 받아왔으나 내 몸이 너무 쇠약해졌으므로 연일(連日) 수술을 단행(斷行)할 수 없어 늦추어 온 것이다.

---

* 보들레르의 시에서 등장하는 인물로, 일반적으로 쾌락, 방탕, 또는 악마적인 매력을 상징하는 존재로 해석된다.

처음에는 어머니와 같이 오다가는 다음에는 누이와 오고 나중에는 형과 같이 다니기를 하였다. 그런데 며칠 전부터 아무도 따라오는 이가 없었다.

그 네 살 먹은 어린것이 추위에 떨면서 병을 낫겠다고 징징거리면서 나의 진찰실을 두드린다.

간호부는 그를 불쌍히 느껴 고름투성인 그리고 악취(惡臭) 때문에 곁에 댈 수 없는 몸뚱어리를 말쑥하게 씻어주는 것이다.

나는 흉부(胸部)에서 쏟아지는 고름을 흡수(吸收)시킨 다음 고무줄을 박는다. 그리고 붕대가 끝난다. 그 어린것은 「잘 계세요.」하고 나아간다.

간호부와 나는 멀거니 그 어린애의 뒷모습을 쳐다보는 것이다. 어린 것의 정경이 가련하다는 것이다.

「세상에 귀한 것이 인정밖에 또 있는가?

눈물 한 방울 그 값을 처량이면 천하를 열 번 곱아도 써 못 당할까 하노라.」[이광수작(李光洙作)]

그렇다. 이 어린 것에도 어머니 누나 형님의 인정이 있으리라. 하지만 그런 인정으로서는 병마를 물리칠 수 없었다. 하물며 눈물 한 방울의 인정으로서는 당할 수가 있으랴. 그러니까 그 어린애는 서푼짜리 인정에 내쳐진 셈이었다. 그럼에도 불구하고 목숨이 있는 동안 살아보겠다는 것이다. 얼마나 눈물과 인정만으로는 무능(無能)한 것을 얼마나 뼈저리게 느꼈겠는가. 그 어린것에게 일정(一定)한 요구(要求)가 있을 것이며 거기에 만족(滿足)할 만한 도움이 없으면 기천(幾千)의 인정일지라도 소용(所用)이 없을 것이다.

무엇보다도 그이에게는 손의 인정과 발의 인정이 필요(必要)한 것이다.

다시 내 앞에는 환자가 나타난다. 그 어린애의 고름 냄새에 물러갔다가 돌아서는 것이다. 등창 치료, 생인• 손가락 치료, 주마답••치료, 연주•••치료, 매독 주사 그리고 부스럼들의 처치를 마친다.

다음부터는 손을 소독하고 국소마취로 째는 놈은 그대로 하고 전신마취로 수술할 놈은 해버리고 만다. 환자를 다 본 셈이다. 담배를 한 대 피워물고 거리로 걸어갈 때는 사람의 그림자조차 볼 수 없는 것이다.

바로 이쯤에 어떤 인력거꾼이 무엇을 안고 뛰어들며 「선생님 조금만 기다려주시오.」라고 외친다.

자세히 살펴보니 닷새 전에 치료를 받은 어떤 노인이 방금 다 죽어가는 꼬락서니다.

「어찌 된 셈이요.」

「이 노인이 길거리에서 숨을 헐떡이는데…… 주재소에서 나를

• 곪은
•• 발바닥 티눈
••• 목의 임파선

불러세우더니 재수 없게 하필이면 내가 그 경찰에게 붙잡혀서.」

그러면서 인력거꾼은 시름시름 달아나려는 눈치다.

나는 그 인력거꾼을 못 가게 하였다. 그로 하여금 입회(立會)를 시키자는 것이다.

벌써 절명상태(絶命狀態)다. 응급치료(應急治療)를 한 다음 그 노인을 데리고 가라 하니 인력거꾼은 말을 듣지 않는다.

간호부가 화를 벌컥 내면서 내쏘았다.

「이곳은 치료 또는 진찰하는 곳이지 어디 죽어가는 사람을 처먹이려고 된 집이오. 우리가 송장 치는 망사군인 줄 아오. 속히 데리고 가시오.」

「글쎄 죽은 송장을 누가 싣겠습니까. 인력거란 산 사람을 모시고 다니는 것이지. 무어.」

「그러면 이 노인을 어떻게 하라는 말이요.」

모두 딱한 노릇이다. 그리되자, 사무소에서 주재소로 전화가 걸린다. 그의 친지(親知)가 없는가 여러 가지 교섭이 일어난다. 도무지 알 수 없었다.

그런데 죽음의 주인공인 이 노인은 대체(大體) 누구일까?

여드레 전에 그 노인이 공덕정(孔德町)에서 소 구루마를 끌고 갔다가 왼손을 치이고 말았다. 곧 부근병원에 가서 봉합(縫合)수술을 마치고 사흘 동안 그대로 두었다가 비로소 우리 진찰소로 찾아온 것이다.

그 낡은 옷이라든지 새파란 입술, 움푹 들어박힌 눈이라든지 거무

튀튀한 때가 눌어붙은 꼴이라든지 그 모두가 빈궁(貧窮) 그 모양 그대로의 노인을 가로 삼키고 있었다.

참으로 가여운 생각이 들었다.

붕대를 풀어 제치니, 엄지손가락 둘째 손가락은 이미 박살이 났고 손등 살은 썩어 새까맣게 물들고 있었다.

어떤 의사 양반이 수술했는지 너무나 무책임한 수술임을 알 수 있었다.

생명(生命)을 대상(對像)하고 치료를 감행한 것같이 보이지 않는다.

그 봉합(縫合)수술의 실 자국을 하나 잡고 풀어 놓으니, 구더기가 무려(無慮) 수천(數千) 마리가 꿈틀거리고 있었다.

그리고 부패균(腐敗菌)의 가스 발산(發散)에 코가 떨어질 판이다. 나는 곱게 씻어버린 다음 절단수술(切斷手術)을 권유하였다. 그래도 듣지 않았다. 물론 손을 없애버리라니 섭섭해서 그러는가 하고 여러 가지 설명(說明)을 하였다.

너무도 그 노인이 우기므로 손을 끊어버리지 않으면 죽는다고 강박(强迫)해 보았으나「난 죽어도 좋습니다.」라는 퉁명스러운 대답뿐이다.

그렇다면 무엇 때문에, 병원에 왔을까.

자기생활조율(自己生活調律)에 애□(碍□)가 있기 때문에 의자를 찾은 것이 아닐까.

그 이튿날 사흘날 나흘날까지 여전히 살은 점점 썩어들어가고 구더기는 끼기만 하고 있었다. 나는 몇 번이나 더욱더 강경히 수술을 권했다. 듣지 않았다.

그래서 나는 그이의 친지가 있는가 물어보았다.

「딸이 하나 있는데.」하고는 더 이상 말을 잇지 않는다

「노인에게 딸이 있소. 무엇을 합니까.」

「저저 새로 – 신식(新式) 술집이라는데.」

나는 더 이상 묻지 않아도 알아챌 수 있었다. 아버지와 딸 사이에도 염치와 체면에는 서로 창피하니 피하는 투다.

다섯째 날 바로 이날이 그 노인이 외계에서 오는 애□(碍□)에 대하여 자기 몸으로서 방위적(防衛的)으로 반응(反應)할 수 없이 내 앞에서 숨을 거두고 있는 것이다.「죽어도 좋습니다.」라고 주장한 노인의 말과 이 광경을 전례(前例)의 네 살 먹은 아이가 듣고 보았다면 얼마나 놀라겠습니까.

생과 사에 대한 대치(對峙)된 논리(論理)가 아니고 무엇이랴. 나는 이 두 양상(樣相)을 머리에 그리면서 그 노인의 맥(脉)을 보면서 그 임종(臨終)을 하는 것이다.

이 광경을 투르게네프*가 보았다면「나는 돈지갑이 없다. 시계(時計)도 없다. 손수건도 없다. 무엇 하나도 없다.」하고 두 손으로 걸인(乞人)과 악수나 한 것이 큰 무엇을 베푼 듯이 의기양양(意氣揚

---

* 이반 투르게네프(Ivan Turgenev), 러시아의 소설가.

揚)하리랴만 그까짓 짓이 무슨 크나큰 역할(役割)이 될 것인가. 나는 수술을 마치고 밤중에 들로 나왔다. 그 노인 생각이 간절해서.

그러나 그 노인은 거적때기에 쌓인 채 해부실(解剖室)을 기다리고 있었다.

* 이 글은 〈근대 병원 만화경(近代 病院 萬華鏡)〉이라는 큰 제목 아래 쓴 글이다.

비평批評

의학(醫學)과 문학(文學)

문학(文學)과 의학(醫學)에는 무슨 관련(關聯)이 있지 않나, 없다 하더라도 어떠한 상관(相關)이 있지 않나 하고 묻는 사람이 있었다.

종종 의학자에서 문학이 생기었던 까닭이 아닐까 한다.

그렇다 하더라도 독일(獨逸) 괴테는 의학(특히 해부학)을 아는 사람이었으나 의학자는 아니었고, 쉴러도 의학을 공부하였을 뿐이지 의학자는 아니었던 것이다. 이 둘이 다 같이 문학자로서 이름을 휘날리었을 뿐이다.

따라서 의학은 의학이요 문학은 문학이지 문학이 의학이 된 일도 없고 의학이 문학이 된 일도 없었던 것이다.

따로따로 제 독립성(獨立性)을 가지고 그 활동 영역(活動 領域)이 달랐던 것이다. 그럼에도 불구(不拘)하고 나를 만나는 사람 중에는 내가 시(詩) 쪼각*이나 쓴다고 어느 것이 본직(本職)이냐고 묻는다. 나는 으레 고름[膿(농)]에서 생명(生命)을 씻고 썩은 피에서 건강(健康)을 찾는 사람임에는 틀림없었다.

그렇다면 시 쓰는 것은 취미(趣味)요 부업(副業)이건만요. 그럴는지 모른다. 시 쓰는 것이 본업(本業)이 된다고 영광(榮光)될 리도 없고, 의술(醫術)이 부업(副業)이 된다고 손(損)될 리도 없다. 의학을 하면서 시 쪼각이라 쓴다는 것은 선 비극(悲劇)이 아니면 환경(環境)이

---

* '조각'의 사투리

물려준 선물이매, 이 고난(苦難)을 굳이 받으면서 스스로 겸양(謙讓)하고 사퇴(辭退)하며 두려워하였을 뿐이다.

그러나 문학이거나 의학이거나 그 대상이 모두 산 인간에 관한 것인 것은 사실(事實)이다. 산 인간에 관한 것인 만큼 그 대상이 악(惡)이건 선(善)이건 병적(病的)이건 실재적(實在的)이건 주(主)로 인간의 활동에 초점(焦點)을 두었던 것도 사실일 것 같다.

그런데 오늘날까지 산 인간의 활동을 바로 보아온 사람도 없었던 듯하다. 인간의 부분부분(部分部分)을 보아왔을 뿐이지, 인간 전체(全體)를 보아온 사람은 없었던 듯하다. 그만큼 인간에 관한 과학이 유치(幼穉)하였으며 아무런 발전(發展)이 없었던 까닭이다.

적어도 인간의 활동은 물질적(物質的), 정신적(精神的), 물리적(物理的), 화학적(化學的), 생리적(生理的), 심리적(心理的)으로 관찰(觀察) 추상화(抽象化)하지 않고서는 과거(過去)에 모든 학자(學者)가 범(犯)하여 온 문화(文化) 그대로 종식(終熄)하리라고 믿는다.

따라서 문학자이건 의학자이건 과학적으로 인간의 전체를 연구(硏究)하여 이에 풍부(豊富)하고 정확(正確)한 지식(知識)을 획득(獲得)하는 동시에 특히 철학적(哲學的), 심리적(心理的), 윤리적(倫理的) 지식을 좇아 그 방위(方衛)를 원만(圓滿)히 닦아나아가야만 비로소 참다운 인간주의의 의학도 움터질 것이요 또한 뚜렷한 인간주의의 문학도 돋아나올 것이라고 믿어진다.

[기묘• 오월 사일(己卯 五月 四日) 밤 한 시 삼선평 우거(一時 三仙坪 寓居)에서]

• 1939년

생활(生活)과 과학(科學)

생활을 과학화한다는 것은 어려운 문제(問題)의 하나다. 이것은 생활에 대한 총지식(總知識)이 과학적 실천(科學的 實踐)인 데서부터 그 생활을 과학적 생활이라고 부를 수 있는 까닭이다.

그런데 우리들의 지식이 자연에 대하여 또는 사회에 대하여 더욱 인간에 대하여 얼마만 한 정도(程度)의 것인가를 자각(自覺)할 때 너무나 편편적(片片的)이며 분리적(分離的)인 것인가를 가(可)히 알 수 있는 것이다.

이와 같은 사실은 우리들이 가진 인간 생활 활동에서 관찰(觀察)될 수 있는 것이다.

거의 태반(殆半)이 불건전(不健全)한 생활이 아니면 비위생적(非衛生的) 생활의 연속(連續)인 것을 알 수 있다. 이곳에 생활의 발전이 있을 리 없고 향상(向上)이 나타날 리도 없다.

다만 생활의 퇴보(退步)와 정체(停滯)가 있을 뿐이다. 따라서 독창적(獨創的) 문화를 추진(推進)할 수 없는 것이다.

그러하다고 최첨단(最尖端)을 걷는 구미식문화(歐米式文化)— 특히 유물적(唯物的), 기계적(機械的), 기술적(技術的)인 생활양식(生活樣式)과 방법(方法)을 이식(移植)해 온다고 가정(假定)하더라도 우리들의 생활에 융합동화(融合同化)될 리 없는 것이다.
 이미 그들의 문화가 과학적 미신(迷信)과 학리적(學理的) 모순(矛盾)에 얽힌 견인부속(牽引附屬)된 노예문화(奴隷文化)인 것이다.
 그리해서 이 노예문화는 끝없이 인간의 육체(肉體)와 정신(精神)의 불가해(不可解)한 법칙(法則)을 퇴화(退化)시키고 말았다.
 따라서 인간의 현실(現實)은 점차(漸次) 타락(墮落)하고 양심(良心)은 함몰(陷沒)되어 비판력(批判力)과 지능(知能)이 마비(痲痺)되고 정서(情緒)와 종교관념(宗敎觀念)의 활동이 저지(沮止)되고 말았다. 이와 같이 인간을 위하여 생긴 모든 과학에 의한 노력(努力)은 너무나 불충분(不充分)하며 인간을 대상으로 한 모든 지식도 불완전(不完全)하기 짝이 없는 것이다.
 그러므로 이와 같은 불충분(不充分)하고 불완전한 과학이 우리들의 생활을 구출(救出)할 수 없는 것은 사실이다.
 그러면 우리들의 생활을 어디에다 의탁(依託)할 것인가. 조선(朝鮮)에 있어서는 과학은 발달하지 못했다. 설사(設使) 있다 하더라도 신라시대(新羅時代)의 과학적 발전도 단절적(斷絶的)이며 일관(一貫)한 부단(不斷)의 향상적 발전은 되지 못했다. 그 이후(以後)의 과학도 선행(先行)한 과학보다 더욱 높은 이론적(理論的) 발전(發展)과 더욱더 높은 인식단계(認識段階)에의 발전(發展)을 전개(展開) 못 하고 지속성(持續性)의 중단(中斷), 발전의 정체(停滯)로 끝마치고 말았다.
 항상(恒常)「역(易)」과 오행설(五行說)에의 교착(交錯)된 문화가

주권적(主權的) 역할(役割)하고 있으니 만큼 물질의 본질과 분류(分類)와 본성(本性)을 변별(辨別)하지 못한 채 그릇된 전통(傳統)이 되어 우리들의 생활을 압도(壓倒)하고 말았다.

따라서 우리가 진실(眞實)로 희구(希求)하기를 마지않는 생활은 그 자주성(自主性)을 잃고 타의적(他意的) 모방생활(模倣生活)이 아니면 기형적(畸形的) 생활을 계속(繼續)하고 있다.

이에 우리들은 재래(在來)의 생활 결함(缺陷)을 맹목적(盲目的)으로 쫓을 수도 없거니와 저 구미식 노예문화에 우리들의 생활을 추종(追從)할 수도 없는 것이다.

그러하다면 이제까지 우리들은 과학에 많은 영향(影響)을 받아 우리들의 육체(肉體)와 정신(精神)이 일치(一致)하리만치 우리들의 생활도 변(變)했는데 이것을 부정(否定)한다면 너무나 오인(誤認)한 바가 아니될까?

물론(勿論) 그것을 전적(全的)으로 부정하는 것은 아니다. 현대(現代)의 과학이 제아무리 발전하였다 하여도 인간과 우주(宇宙)의 관계(關係), 인간과 인간과의 상호관계(相互關係), 인간과 환경과의 관계를 정확(正確)하게 관찰(觀察)하지 못했다. 그것은 인간에 관한 과학이 물리학 및 화학과 같은 과학과 같이 단순(單純)하지 않고 끝없이 예민(叡敏)함으로써이다.

설사(設使) 인간에 관한 과학이 있다고 할지언정 뚜렷하게 진보(進步) 발달한 것이 없고 기술과학(記述科學)의 환경을 탈출(脫出)

못했다. 실로 인간은 지극(至極)히 복잡(複雜)하며 분별(分別)할 수 없는 한 개의 전체인 것이다. 그러므로 개념적(概念的)으로 인간을 분해 연구(分解 硏究)해서는 「산 인간」에 관한 연구가 아니고 사물(死物)인 까닭이라 함으로 인간을 한 개의 전체로서 연구하자면 재래(在來)와 같은 과학적 방법보다 새로운 다른 과학적 방법을 쓰지 않으면 안 될 것이다. 재래의 과학과 인간을 부분적으로 보았기 때문에 이같은 인간에 대한 연구의 결과(結果)가 각기(各其) 달랐다.

따라서 이와 같은 지식(知識)을 종합(綜合)해 본다 해도 실제(實際) 인간과는 멀 것이다. 실로 해부학과 화학 물리와 생리학(生理學)과 교육학(敎育學)과 역사(歷史)와 사회학(社會學)과 경제학(經濟學)과 심리학(心理學)과 철학(哲學)과 및 그 분야(分野)의 많은 학문이 인간주의를 알 리가 없었다. 그 후 학문가(學文家)의 두뇌(頭腦)에서 그린 인간이지 실재의 진실 인간은 아니다. 이를 파악(把握)하지 못한 현대(現代)의 과학이 인간 생활을 향상할 리는 없을 것이다.

실로 인간 생활의 향상은 인간주의를 파악한 과학이 현실주의(現實主義)를 파악한 후에 심발(甚發)할 것이다. 왜 그런가 하면 생활은 현실의 전체이며 현실의 전체는 과학의 전체가 되어야만 하기 때문이다.

그러므로 우리들은 인간 혁신(革新)의 대업(大業)에 착수(着手)하지 않으면 안 될 것이다.

국민(國民)과 國家(국가)의 주의(注意)가 과학에 집중(集中)하는 원인(原因)은 여러 가지 있겠지만 어떤 식자(識者)들의 □창(□唱)

으로 될 리도 아니고 어떤 토□서(討□書)에 따라 이루어질 것도 아니다. 어디까지나 사람의 정신은 예상(豫想)되지 않은 미래(未來)에 고정(固定) 또는 제한(制限)할 수 없는 것이다.

항상(恒常) 국민 생활에 과학적 습관(習慣)을 이루게 하며 일상(日常)생활 그 자체(自體)가 과학적 형성(形成)에 자진(自進)하도록 봉기(蜂起)하여 전진(前進)하여야 할 것이다. 이것을 의식적(意識的)으로 강요(强要)한다고 달성(達成)될 것은 아니다. 만사(萬事)를 합리적(合理的)으로 하면 자연 의식적 행동이나마 그것이 곧 과학적 생활과 합치(合致)하게 될 것이다.

그리해서 우리들은 맹목적(盲目的) 기계주의(機械主義)와 기술주의(技術主義)에서 해방(解放)되지 않으면 안 된다. 우리들의 숨은 능력(能力)을 복잡(複雜)함과 풍부(豊富)함에 있어서 실현(實現)하여야 할 것이다. 생활에 관(關)한 제과학(諸科學)이 우리들의 생활 목적이 무엇인가를 제시(指示)하며 이에 도달(到達)할 수단(手段)을 선도(善導)해야 할 것이다. 그러해서 우리들의 성상(性狀)에 관한 재래의 제과학의 법칙의 가치(價値)를 변경(變更)하여 우리들에 적당(適當)한 질서(秩序)를 확립(確立)시킨 것이다.

그다음에 과학은 우리들의 숨은 모든 잠재 능력을 발달시켜 우리들 생활에 여명(黎明)을 던져줄 것이다. 이 여명이 동트는 날, 우리들의 모든 공통적 비극(共通的 悲劇)에서 탈출(脫出)할 것이다.

[삼선평 우거(三仙坪 寓居)에서]

세균(細菌)이야기
콜레라 균(菌) 발견 이전(發見以前) 코흐의 관용(寬容)

인류(人類)의 구원자(救援者)치고 아수라(阿修羅)의 시련(試鍊)을 받지 않은 자가 어디 있으랴. 그는 쉴 새 없는 전쟁(戰爭)의 병사(兵士)와 같이 싸워야 한다.

그렇지 않으면 위험(危險)을 물리칠 수 없는 것이다. 그러나 눈에 보이지 않는 적(敵)과 싸우는 의자(醫者)에는 영원(永遠)히 평화(平和)가 오지 않는다.

적은 언제 의자를 집어 삼킬지 모른다. 그렇다고 해서 적에 위협(威脅)을 느껴서는 안 된다.

이와 같은 위험을 경시(輕視)하는 데 의자의 선(善)이 있는 것이다.

이와 같은 선의 기폭(旗幅) 아래서 모든 천시(賤視)와 냉대(冷待)와 고난(苦難)과 핍박(逼迫)을 참고 자기의 전생명(全生命)을 도(賭)하면서라도 싸우는 것이다.

세상에서는 이와 같은 정신적 영웅(英雄)을 알 리는 없다.

×

서력(西歷) 1823년에서 6년까지 전후(前後) 수차례(數次例)씩이나 콜레라[호열자(虎烈刺)]가 인도(印度)·유럽 여러 지역·캐나다·미국·이집트·스페인·이탈리아 및 헝가리 등지(等地)에 유행(流行)하여 수백만(數百萬)의 생령(生靈)을 빼앗아 갔다.

이에 피해(被害)를 당한 제국(諸國)은 구세주(救世主)의 출현(出現)을 얼마나 바라겠습니까.

드디어 이집트 정부(政府)는 프랑스[佛蘭西(불란서)]와 독일(獨逸) 정부에 구원을 청(請)하였다.

이에 양국(兩國)은 과학탐험대 파견(派遣)을 결의(決議)하였다.

이와 같은 탐험대의 지휘(指揮)에는 두 사람이 필요(必要)하였던 것이다.

독일의 정예(精銳) 코흐*와 프랑스의 예봉(銳鋒) 파스퇴르** 양웅(兩雄)이었다.

코흐와 파스퇴르는 그 지위(地位)와 명예(名譽)와 실력(實力)이 세계적 1위에 속(屬)하느니만큼 서로 존경(尊敬)하고 경외(驚畏)하는 터이지만 친애(親愛)하는 동지(同志)는 아니었다.

그는 독불(獨佛)이 역사적(歷史的)으로 구적(仇敵)의 관계에

---

* 로베르트 코흐(Robert Koch). 독일의 저명한 미생물학자. 탄저병, 결핵, 그리고 콜레라의 병원균을 발견하여 '현대 세균학의 아버지'라 불린다.
** 루이 파스퇴르(Louis Pasteur). 프랑스의 화학자이자 미생물학자로, 의학의 역사에 혁명적인 변화를 가져온 위대한 과학자. 질병이 미생물(세균)에 의해 발생한다는 '세균설'을 확립하는 데 결정적 역할을 했다.

있었던 까닭도 있겠지만 열정가(熱情家)인 파스퇴르는 조국(祖國)의 땅 알자스, 로렌을 여읜 것을 단념(斷念)할 수는 없었던 것이다.

그리해서 파스퇴르는 코흐의 비탈저(脾脫疽)• 연구(硏究)를 논박(論迫)해 왔으나 워낙 명석(明晳)한 코흐에게는 일보(一步) 양여(讓與)하지 않으면 안 될 상황(境遇)에 있었다. 그러하나 파스퇴르는 선배(先輩)인 만큼 지기는 싫었다.

코흐가 이집트를 간다면 파스퇴르도 가기로 결심(決心)하였다. 그 당시 파스퇴르는 광견병(狂犬病) 원인(原因)을 연구하고 있었기에 부득이(不得已) 자기(自己)의 비장(秘藏)의 제자(弟子)인 튀예••와 루•••를 코흐 먼지 알렉산드리아 번방(番方)에 파견(派遣)시켰다. 그리해서 독일의 거장(巨匠) 코흐에 대항(對抗)시키려는 파스퇴르의 축모(築謀)는 너무나 고만(高慢)하였던 것이다.

코흐는 조금도 공명심(功名心)이 없었기에 이것을 알 수도 없었다.

코흐가 자기 제자인 가프키••••를 데리고 알렉산드리아에 도착

• 탄저병. 비장이 매우 커지고 암흑색으로 연화(軟化)되어 비탈저(脾脫疽)라고도 부른다.
•• 루이 튀일리에(louis Thuillier). 파스퇴르의 제자이자 동료로, 에밀 루와 함께 이집트에 파견되어 콜레라 연구를 수행했다. 안타깝게도, 글에서 묘사된 것처럼, 이집트에서 콜레라에 감염되어 젊은 나이에 사망했다. 그의 죽음은 당시 많은 과학자에게 큰 충격을 주었다.
••• 에밀 루(Émile Roux). 프랑스의 의사이자 미생물학자. 루이 파스퇴르의 중요한 조수이자 동료로서, 파스퇴르 연구소의 창립 멤버 중 한 명이었다.
•••• 게오르그 가프키(Georg Gaffky). 세균학자로, 로베르트 코흐의 저명한 조수 중 한 명이었다. 전염병의 원인균을 밝히는 데 중요한 기여를 했다. 가장 큰 업적은 장티푸스균(Salmonella typhi)을 분리하고 배양하는 데 성공한 것이다. 1884년에 장티푸스 환자의 비장에서 이 균을 분리해냈고, 이를 통해 장티푸스의 원인이 특정 세균임을 명확히 밝혔다.

(倒着)하였으나 이미 콜레라는 종식(終熄)되었다. 따라서 충분(充分)히 연구할 수 없었다.

그런데 프랑스인 루와 튀예 두 사람은 독일인(獨人)과 떨어져 연구하고 있었으나 코흐의 조수(助手)들과는 의견(意見)을 교환(交換)하고 있었다.

때때로 프랑스인은 콜레라균 발견에 성공(成功)한 듯이 가프키를 조롱(嘲弄)하는 것을 마지 않았다.

가프키를 말하더라도 티푸스균 순수배양(純粹培養)에 성공(成功)한 당대학자(當代學者)임은 분명하였다. 그러므로 가프키는 이로 인해 분개(憤慨)하지 않을 수 없었다.

그렇나 가프키가 가진 일루(一縷) 희망(希望)이란 그들이 지금까지 실증(實證)하지 못하였다는 데 있었다. 그들이 보았다는 것과 알았다는 것과는 달리 만인(萬人) 앞에 실증하지 않으면 안 된다.

콜레라 균으로써 순수배양에 성공할 것 또는 그것으로써 동물감염시험(動物感染試驗)에 성공하는 두 가지가 발견(發見)을 논의(論議)할 수 있는 요점(要點)이 되는 것이다.

실로 실증이라는 문제는 가장 평범(平凡)한 문제이면서 과학자들의 양심 전부(全部)일 것이다.

그러므로 가프키가 베를린[伯林(백림)] 위생원(衛生院)에 보낸 보고(報告)의 일편(一篇)에는 다음과 같은 문구가 있었다.

「근일래(近日來) 우리들은 갖은 방법으로 콜레라 사체(屍體)와

배출물(排拙物)을 검경(檢鏡)하고 있으며 배양법에 따라 병원체(病原體)의 검색(檢索)에 전력(全力)을 다하고 있습니다.

특히 콜레라 사체에 어떤 재료(材料)로써 원숭이 고양이 닭, 쥐들에 이식(移植)하여 인공감염(人工感染)에 힘쓰고 있습니다.」

실로 가프키는 프랑스인에 지지 않겠다는 명예심(名譽心)에 불타고 있었다. 무더운 남국(南國)에서 땀투성이가 된 채로 허덕이고 있었다.

그럼에도 불구(不拘)하고 코흐는 연일(連日) 종용(從容)하기 짝이 없었다.

이 얼마나 불안(不安)스러운 일이었으랴.

그러하나 코흐 선생의 제작(製作)된 표본(標本)에는 아직도 보지 못한 간균(桿菌)이 발견(發見)되었지만 위대(偉大)한 코흐는 인묵(忍黙)할 뿐이지 발견(發見)하지 않았다.

그런데 성급한 프랑스인은 콜레라 균의 발견과 및 실험(實驗)을 마쳤다는 보고(報告)를 파리(巴里)에 전달(傳達)시켰다.

이 얼마나 놀라운 일인가.

프랑스인이 독일인보다 먼저 발견했다는 것에 대해, 가프키의 흥분(興奮)은 좀처럼 가라앉지 않았다. 「그래 프랑스인이 먼저 콜레라 균을 발견했다는 말인가.」하고 코흐는 웃을 뿐이었다.

발견했다면 더욱 좋은 일이 아닐까. 자네도 여러 가지를 발견하지 않았는가.

「프랑스인에게 져서야 되겠습니까?」

「하지만 그것이 콜레라 균이라고 증명(證明)할 만한 것이 있어야 하지 않는가?」 코흐는 자기 제자인 가프키를 달래는 것이다.

「그렇지만 그 사람들이 증명했다면.」

「과학을 위하여서 선사(善事)가 아니든가. 우리들은 속히 집으로 돌아갈 밖에는.」

그러는 즘에 프랑스인 튀예가 그리스[希臘(희랍)] 병원에서 코흐를 찾아와서 자기가 발견하고자 한 콜레라 균의 표본(標本)을 휴대(携帶)하고 와서 감정(鑑定)을 청하였던 것이다.

코흐가 한번 인정(認定)한다는 것은 튀예에게 대사(大事)가 아닐 수 없었다. 일이 이쯤 진전(進展)하게 되자 프랑스인과 독일인들의 연구자 간에는 새로운 친목(親睦)이 체결(締結)되었다.

코흐는 튀예의 실험보고(實驗報告)를 경청(傾聽)하기 시작하였다.

「그것은 흥미(興味) 있는 일입니다. 당신네가 우리보다 다행(多幸)합니다. 우리들도 간균을 발견하였습니다만 증명이 되지 않습니다. 여러 번 동물시험을 하였지만 모두 실패(失敗)로 돌아가고 말았습니다.」

「동물시험이 아니요. 우리들은 다만 현미경(顯微鏡)에서만 보았는데요.」

「그것으로써 증명이 되었다고 하겠습니까?」

이 소리에 튀예가 비로소 부끄러운 듯이 고개를 숙이고 말았다.

「다만 공표되지 않아서라고 믿습니다만.」

「그것이 문제입니다. 내가 만든 표본을 한 번 보십시오. 아마

처음 보실 겁니다.」

튀예가 현미경을 주시(注視)하였다.

쉼표 모양의 상간균(狀桿菌)●을 볼 수 있었다. 아 틀렸다. 이것이 참다운 콜레라의 병원체(病原體)는 아니다. 루와 튀예는 한 번도 본 적이 없다. 그렇다면 안심(安心)이다. 독일인이 틀렸다.

「참으로 좋습니다.」 튀예는 코흐에 대하여 너무도 태연(泰然)스러웠다.

만일에 프랑스인이 코흐와 같은 간균을 발견했다면 그들은 그것을 증명했을 것이다.

그러니까 프랑스인과 독일인은 서로 다른 균을 발견하였던 것이다.

그렇다면 누가 진정(眞正)한 콜레라 균을 발견했을까.

그중에 어느 것이었던가. 하나밖에는 없을 것이다. 그렇지 않다면 전염병(傳染病)의 전(全) 학설(學說)은 전복(顚覆)되고 말 것이다.

누구든지 동물시험에 성공하면 될 것이다. 그렇지 않다면 프랑스인이 먼저 콜레라균을 발견했다고 할 수 없거니와 독일인 역시(亦是) 그렇다. 하여(如何)튼 그 진위(眞僞)를 알지 않을 수 없다.

튀예가 코흐에게 인사를 하고 가버렸다. 서로 익일(翌日) 아침에 만나기로 약속(約束)했다. 튀예가 간 다음 코흐는 홀로 그들의 표본을 조사해 보았다.

● 막대 모양의 세균. 영어 명칭은 바실루스(bacillus). 막대균이라고도 부른다.

확실히 프랑스인이 망단(忘斷)을 하였던 것이다. 여지(餘地)없이 그들은 크나큰 오진(誤謬)을 범(犯)하였던 것이다.

그들이 발견하였다는 균은 콜레라균이 아니고 전염병(傳染病)에는 반드시 출현(出現)하는 혈액중(血液中)에 있는 혈소판(血小板)이었던 것이다.

그들은 그것을 박테리아(콜레라 균)라고 인정(認定)하였던 것이다.

프랑스인은 과학자로서는 너무 성급(性急)했으며 경솔(輕率)하였다.

코흐가 그들의 오진(誤謬)을 교정(矯正)한다는 것은 그다지 반가운 일은 아니다.

그리해서 튀예와 약속한 방문시간(訪問時間)을 주저하였다.

그러나 그때쯤 튀예의 신변(身邊)에 큰 사변(事變)이 일어났다.

자취를 감추고 있었던 콜레라가 최후(最後) 사람의 희생자(犧牲者)를 요구(要求)하였다. 그 추적자(追跡者)에 대한 복수(復讐)였던 것이다.

여태껏 건장(健壯)한 튀예가 전염되어 신음(呻吟)하게 되었다.

인류의 구원자가 되려는 그가 간악한 약균(惡菌)에 포로(捕虜)가 되어 극형(極刑)을 받게 되었다.

그에 대한 평화조약(平和條約)은 그 생명의 강탈(強奪)로 육박(肉迫)했을 뿐이다.

아! 자기 몸을 순직(殉職)한 사람을 가르쳐 성(聖)의 □化라고 이른다면 눈에 보이지 않는 □의 敵과 싸우다가 죽었다면 세간(世間)은 무엇이라고 이르겠는가.

　오— 영웅적 정신의 정화(精華)에

튀예는 마지막 숨을 몰아쉬었다.

루는 비통(悲痛)한 나머지 흑흑 느껴운다.

모든 일은 이미 늦었다.

한 사람의 생명이 사라지려는 이쯤에 코흐와 튀예의 시선(視線)은 부딪혔다. 바로 그때 튀예가 외쳤다.

「어제 보신 균은 콜레라의 진정(眞正) 병원체가 아닙니까.」

죽어가는 사람의 마음을 위로하고자 코흐는 입을 열었다.

「콜레라 균은 그대가 발견하였다.」

「그렇습니까, 대단(大端)히 기쁩니다.」

튀예의 마지막 말이었다.

　　　　　　[필자(筆者)는 현재 성대미생물교실(城大微生物敎室)에
　　　　　　　　　　　　　　　　　연구중(硏究中)]

참고문헌(參考文獻)
一. 대과학자(大科學者)의 걸은 길
二. 서양의학사(西洋醫學士)
三. 기타 이삼세균학(其他二三細菌學)

논설論說

봄철의 질환(疾患)과 「비타민」

　추운 겨울에는 야채식을 할 수 없는 경우가 많습니다. 따라서 체내(體內)에 축적한 「비타민」이 소모되어 결핍하면 결핍증(缺乏症)을 일으키게 됩니다. 「비타민」 결핍에 대해서는 종래로 많은 해석과 고려가 있거니와 그 이외의 질환(疾患)에 대하여 특히 중대한 영향을 끼치는 것입니다.

　그러므로 「비타민」 결핍증을 초래하기 쉬운 봄철이 오기 전에 항상 영양 문제를 고려해서 체력 향상을 도모하는 것이 얼마나 필요한 것인가를 알려야 합니다.

　　×

　종종 봄철에 「비타민A」결핍으로 상부기도(上部氣道) 귀 외생식기(外生殖器) 심근(心筋)의 전염성(傳染性) 질환을 유발하며 이와 같은 질환이 있을 때는 더욱더 악화하는 것을 봅니다.

　특히 결핵환자에게 있어서는 그 영향이 큽니다.

　봄철에 폐병 폐렴 환자가 많이 발생하는 것을 보아도 알겠습니다. 자고로 「비타민A」결핍증이 있을 때는 전염성 질환에 걸리기 쉬운 것을 알아 왔습니다. 동물 실험에서도 이와 같은 사실을 증명하였습니다.「햇쓰」*씨는 그중 한 사람입니다. 그리고 장질부사 또는 화농성질환(化膿性疾患)에도「비타민A」의 유무에 따라서 감염에 대한 저항력에 차이가 있다고 합니다.

그러므로「비타민A」결핍에 염려가 있는 사람 또는 호흡기(呼吸器) 소화기(消化器) 등의 질환이 있는 사람에「비타민A」공급이 좋을 것입니다.

그러나「비타민A」결핍으로 말미암아 간장망상내피세포(肝臟網狀內皮細胞)**가 이미 변질(變質)되었을 때는 치료능력(治療能力)이 없어집니다.

「비타민B」결핍이 있을 때는 화농균(化膿菌)에 대하여 저항력이 무척 낮아집니다.

각기*** 환자에 화농 질환이 있을 때는 그 경과가 무척 나빠지는 것을 봅니다.

---

* 앨프리드 패비안 헤스(Alfred Fabian Hess). 미국 의사. 비타민A의 항감염 연구를 비롯한 업적을 남겼다.
** 쿠퍼(Kupffer)세포. 간에 존재하는 특수한 대식세포(macrophage)로서, 혈액 내의 노폐물이나 세균 등을 제거하여 간의 면역 기능과 해독 작용에 중요한 역할을 한다. 예전에는 '망상내피계'에 속하는 세포로 간주되어 간장망상내피세포라고 불렀다.
*** 각기병(脚氣病), 비타민B_1 결핍 질병

주마담(筋炎)*은 「비타민B」와 중대한 관계가 있는 것입니다. 「비타민B」결핍이 있을 때 주마담 같은 병은 한 곳에 정지해 있지 않고 신체 각처에 전파되어 실로 중태에 빠지는 수가 있습니다. 그러므로 「비타민B」존재 여부가 화농성질환에는 중대한 의의가 있는 것을 알 수 있습니다.

특히 「비타민B」는 재귀열(再歸熱) 황열병(黃熱病)의 병원체에 대하여 특이한 작용이 있는 것입니다.

성대 의학부(城大醫學部)의 모리(森) 강사(講師)의 실험결과에 따르면 재귀열의 병원체인 나선균(羅旋菌)을 시험관에서 배양했을 때 「비타민B」를 보급(補給)하면 나선균의 성장이 현저하게 줄어드는 것으로 나타납니다. 따라서 「비타민B」가 전염성 질환 또는 화농성질환에 중대한 의의가 있는 것은 사실입니다.

×

「비타민C」의 결핍에는 회혈병(壞血病)**이 생기는 것쯤은 다 아는 사실이 되어 있지만 비단 회혈병을 일으키지 않았다 하더라도 「비타민C」부족증을 가진 사람은 드물지 않습니다.

---

* 주마담(走馬痰)은 한의학 용어로, 전신이 이곳저곳 욱신거리고 아픈 병이다. 다발성(多發性) 근염(筋炎)의 증상을 일컫는다. 근염은 근육에 생기는 염증, 특히 고름에 생기는 화농성 근염을 가리킨다.
** 괴혈병(壞血病)

특히 인공영양아(人工營養兒)에 있어서「비타민C」부족증이 현저합니다. 따라서 인공영양아가 전염병에 걸리기 쉬우며 그런 병에 걸리면 경과가 좋지 못합니다.

그리고「비타민C」는 폐렴과 중대한 관계가 있습니다. 폐렴이 발병한 지 96시간 이내에「비타민C」를 많이 주입하거나 내복하면 양호한 효과를 얻을 수 있습니다.

폐렴이 과민증의 일종으로 보는 학자가 있어서 특히 추천하는 모양이나 실로 치료상 긴요한 것만은 사실입니다.

그런데 결핵환자의「비타민C」의 소비량은 건강한 사람의 약 5배 이상을 요구한다고 합니다. 그러므로 이러한 종류의 질환자에「비타민C」공급이 얼마나 필요한 것인가를 알 수 있습니다.

×

「비타민D」가 결핍하면 구루병을 일으키는 것쯤은 모두 다 아는 사실이거니와「파낸스트일」*씨는「비타민D」투여 때문에 토끼의 장질부사균에 대한 저항력이 증가한다는 것을 증명하였습니다. 그뿐 아니라 유아의 골재성(骨再成)에 긴요한 요소가 되어 있으며 화농증에 대하여 특이한 작용을 하고 있습니다.

---

* ? Pfannenstiel 독일 의사

그러므로 각종 「비타민」 중 어느 것이든지 부족할 때는 저항력이 감소하는 것임을 알 수 있습니다. 우리들은 각종 전염병 예방 또는 치료에 「비타민」A·B·C·D의 공급에 힘써야 하겠습니다.

그 외에 「비타민E」는 분만(分娩)과 임신아(姙娠兒)의 발육에도 지대(至大)한 관계가 있으므로 봄철에는 특히 주의하여야 하겠습니다.

그렇다고 해서 「비타민」을 많이 섭취하면 좋은가 하면 그렇지도 않습니다. 「비타민」과잉증(過剩症)이 '있으므로' 적당히 섭취하여야 하겠습니다.

해설

우리나라 최초 의사문인 포백 김대봉

– 유담(의학과 문학 접경 연구소장)

우리나라 최초 의사문인 포백 김대봉

유담 (시인·의학과 문학 접경 연구소 소장)

몸과 마음의 질병이 제기하는 고통과 생명과 체험은 의사와 문인이 집중하고 몰두하는 인간 이해의 근원적 소재이며 주제다. 따라서 의학과 문학이 맞닿으면, 의학과 문학 두 영역의 터인 인간관계 이해를 기름지게 하는 거름으로 작동한다.

그 거름의 효능과 가치를 남달리 소중하게 여겨, 의학과 문학의 사이에 쌓여있는 관습적 구별을 헐어낼 재능을 지닌 의사를 의사문인이라 부른다. 미셸 푸코의 어법을 빌리면, 과학의 도움을 받아 환자의 내부로만 파고들던 '의학의 시선'을 사람 전체로 돌리려 글을 짓는 의사다.

그런 의사들을 찾아, 동서고금의 자료를 수소문하여 천착하며, 연재하고 단행본으로 간행한 바 있다. 연재 과정에서 궁금해졌다. 우리나라의 최초 의사문인은 누구인가? 기초 조사, 『포백 김대봉 전집』(2005)을 엮은 한정호 교수와의 교신 등을 통하여, 김대봉이 우리나라 최초의 의사문인임을 확인할 수 있었다. 김대봉(金大鳳, 1908. 2. 11~1943. 3)은 일제 강점기에 살다간 의사, 시인, 소설가다. 호는 포백(抱白)이다.

I. 의사 김대봉

1. 의사 김대봉

김해읍 북내동(현재 김해시 회현동)에서 태어났다. 동래고보(현 동래고)와 4년제 평양의학 강습소를 거쳐 의사의 삶을 살았다. 평양의학강습소는 나중에 평양의학전문학교로 개명했다.

1933년 스물다섯 살에 4년간의 의학 수업을 마쳤다. 이듬해 경성(지금의 서울)으로 옮겨, 지금 종로 3가의 정구충(鄭求忠) 외과의원에서 1년 남짓 근무했다. 정구충(1895~1986)은 우리나라 여성 의학교육 및 사회활동에 앞장선 외과학계의 거목이었다. 그 후 고향으로 돌아와, 김해읍에서 개원했다.

"김대봉은 1935~1936년에 고향인 김해읍과 읍내에서 약간 떨어진 명지리에서 의원을 개업한다. 김해에서의 의원 생활은 짧았다. 김대봉은 1937년 경성제대 세균학교실에 연구원으로 들어간다. 김대봉이 왜 고향에서의 의원 생활을 접고 서울로 가게 되었는지는 알 길이 없다. 유족의 유무도 아직 밝혀지지 않고 있다. 다만 현재 김해 재래시장이 있는 김해시 회현동 일대에, 1970년대까지 주인을 바꿔가며 영업했던 '의원 건물'이 있었던 사실을 확인할 수 있었다. 그 '의원 건물'이 일제 강점기 때부터 있었다고 하니,

서양 의학을 전공한 의료진이 드물었던 당시 사정을 감안할 때 아마도 김대봉이 개업했던 시기가 그즈음이었을 수도 있다는 예상을 해보게 된다. "제대로 공부한 의사가 근무하고 있다."라고 소문이 났었다."

— 임채민, 경남도민일보(2007)

기사 내용과 같이, 1935년에 김해읍에서 개원하다가, 이듬해 2월에 부산에 가까운 명지리로 옮겼다. 김해군 명지면은 이후 부산에 편입되어, 명지면의 대부분이 현재 부산광역시 강서구의 명지동이다. 기사의 '의원 건물'과 포백의 진료 장소와는 다른 것으로 여겨진다.

경성제대 세균학 교실 연구원으로 근무하다가, 일 년 후 1938년 서른 살에, 경성제대 의학부 정형외과로 자리를 옮겼다. 이때, 경성부 돈암정(지금의 성북구 돈암동) 455-13에 중앙의원을 개원했다.

돈암정은 1920~1930년대 도성 내의 인구 급증으로 인한 주택난 해소를 위해 도시를 확장하는 과정에서 개발되어 새로운 가옥과 인구가 증가하고 있었다. 그런 환경의 변화로 의원을 개원하기엔 마땅했으리라 추측한다. 물론 근무지인 경성제대와 가까운 거리라는 점을 우선 고려했을 것이다. 지속되는 인구 증가에 따라, 1943년 6월 10일, 구(區)제로 개편되면서, 경성부 동대문구 돈암정(敦岩町)이 되었다.

서울시 역사박물관 서울아카이브의 자료와 현지답사를 통하여, 현재의 성북구 돈암동 아리랑 고개를, 돈암사거리에서 정릉쪽으로 오르다가 왼편에 중앙의원이 있었음을 파악했다. 흥미로운 사실은 『맥(貘)』사(社)의 주소와 중앙의원의 주소가 같다. 의업과 문업, 의학과 문학이 한곳에서 꽃 피고 물 끓었었다.

이즈음 그를 만났던 선만경제통신사 기자인 김용호 시인은 의원을 본 첫인상을 다음과 같이 적고 있다.

"병원이란 바로 두 간(間) 짜리 온돌방이요 거기에서 가족들과 함께 기거하고 있어, 나는 적이 이상야릇한 분위기에 잠기지 않을 수 없었다."

― 김용호(金容浩), 「무심(無心)에 핀 꽃 김대봉(金大鳳)」
≪현대문학≫ 1962. 12.

개원하고 일 년 정도 지난 1939년 2월 경성제대 부속병원 마쓰이 곤페이(松井權平) 교수가 이끄는 제1외과에서 근무했다. 마쓰이 교수는 일본인이었지만, 남달랐다고 한다.

"경성제대에는 고매한 인품을 지닌 교수도 많았다. 특히 의학부 교수들의 기개는 대단했다. 의학부 제1외과의 마쓰이 곤페이(松井權平) 교수는 태평양전쟁 당시 일제가 대학생들에게 삭발 명령을 내리고 국민복을 입힌 데 대해 "부질없는 짓이다. 일본은 결국 패한다"고 학생들 앞에서 대놓고 말하기도 했다. 그는 부속병원에서 조선인과 일본인 환자를 차별해 진료하지 않았고, 그런 일이 발견되면 크게 나무랐다.

의학부 교수들은 사망할 때 반드시 시신을 실험용으로 써달라고 유언했다. 이비인후과 고바야시(小林靜雄) 교수가 그랬고, 마쓰이 곤페이 교수도 광복 전해에 사망, 제자들에 의해 시체가 해부됐다. 제자들은 스승의 시신 해부를 지켜보면서 숙연한 마음으로 의도(醫道) 확립을 다짐했다."

- 박상익, 경성제대 의학부의 일본인 교수들.
≪서울신문≫ 2020. 9. 20.

또한, 1939년경 의학의 대중화를 위한 《대중의학》 잡지 발간에 활발하게 참여하였다. 같은 해 1939년 7월 27일부터 8월 13일까지, ≪동아일보≫에 '통풍론'을 5회에 걸쳐 연재하며, 일반 대중의 의학 계몽에도 열성을 다했다.

개원한 지 삼 년쯤 지나서, 2층 건물로 옮긴 병원이 제법 자리를 잡아가던 1943년 3월, 환자로부터 옮은 발진티푸스로 수일 만에 숨을 거두었다.

2. 의사 김대봉과 환자의 관계 모델

환자는 질병에 걸려서 여러 가지 걱정을 하는 자이고, 의사는 '일정 기준 이상의 의학적 지식과 의료기술을 소지한 자로서 공적 자격을 받은 자'라고 정의할 수 있다. 환자와 의사는 질병이라는 공동 주제를 매개로 의료 현장에서 만난다. 질병은 환자에게 주관적 실체다. 그러나 의사에겐, 질병은 진행 과정의 의학적 상태로서 객관적 실체다.

의사 김대봉을 좀 더 이해하기 위하여, 그가 남긴 글을 들어 환자와의 관계를 헤아린다.

미국 조지타운대 의료윤리학 교수 비치(Robert Veatch, 1939~2020)는 기술자형, 성직자형, 동료형 및 계약형 등으로 구분한다.

기술자형 관계에서 의사는 과학자다. 질병에만 집중하여 다른 가치에는 눈을 돌리지 않는다. 매우 건조하게 비유하면, 환자는 생물학적 기계, 의사는 의학을 배우고 익힌 수리공이다.

성직자형 관계는 선과 윤리가 강조된다. 의사는 성직자나 부모 역할을 한다. 그러나 환자의 자율성과 사적 자유가 무시되기 쉽다.

동료형은 협조자의 관계다. 질병 치료를 위해 의사와 환자가 신뢰를 바탕으로 상호 존중한다. 심지어 우정을 쌓는다. 그러나 지나친 친밀은 의학적 처방의 실행 순응도를 무디게 할 수 있다. 따르기 힘들지만, 마땅히 하면 의학적으로 효험이 있는 처방을 제대로 실행

하지 못할 때, 엄격히 교정 관리하기 어려운 관계로 빠질 가능성이 높다.

계약형은 비치 교수도 가장 이상적이라고 평가하는 관계다. 의사와 환자가. 자유, 존엄, 진실, 약속 수행 등을 토대로, 철저히 동등한 입장에서 질병 치료를 위해 계약한다. 의사는 의사답게, 최적의 의학적 지식을, 최선을 다해 제공하고, 환자는 환자답게 철저히 처방을 수행하고 적합한 대가를 지불한다.

그 관계를 어떻게 분류하든 환자가 의사에게 거는 기대는 같다. 즉, 환자는 의사에게 이야기 들어주고 이해해 주길, 인간적 동료로서 관심을 두길, 과학적이며 기술적 전문 능력을 발휘해 주길, 병에 관한 합리적이고 자상한 설명을 해주길, 자기를 포기하지 않기를 기대한다. 즉, 좋은 의사(good doctor)를 기대한다. 여기서 좋은 의사(good doctor)는 직업성과 전문성을 겸비하고 꾸준히 자질을 살피고 연마해 가는 선한 의사, 선의(善醫)다.

이처럼 의사는 환자를 전제로 환자와의 소통을 바탕으로 그 정체성이 설정되는 것이 일반적이다. 따라서 환자의 무늬[환자의 인문(人文)]을 제대로 잘 파악해야 한다.

그렇다면, 김대봉은 어떤 관계를 실천한 의사일까? 의사 5년 차로 경성제대 의학부 부속 의원 정형외과에 근무하던 1938년 6월, ≪보건조선≫ 2월호에 발표했다가 『무심』에 실은 「의심(醫心)」에서 그 답을 구한다.

나에게는 낮과 밤이 없습니다./ 겨울과 여름이라니,/ 설과 추석도 없습니다./ 날이면 날마다/ 썩은 살에 붕대를 감고/ 낡은 창자에 약을 지었다만/ 애달프다, 이 몸만 고달픔이여/ 세상에는 위안이란 없도다// 남 위해 하는 일이/ 어이 이리 어려워/ 성현의 말씀도 거짓 같도다./ 갈가리 찢어진 손과 주름진 네 얼굴을 보고/ 웃어 줄 이는 없도다// 하지만, 너는 안일과 쾌락과 기쁨을 앗긴 환자와 같이/ 생을 인식한 자,/ 굳게 메스를 들고/ 의심(醫心)을 두드리며,/ 동방에 켜진 불을 밝혀야 하노니,/ 이같이 쓸쓸한 광야에/ 무덤만 같이 할 죽음과 싸우는 내 앞에,/ 명예가, 부귀가, 무엇이며,/ 사랑이 있었던가,/ 모두가 바라지 못할 것,/ 그보다는 불멸의 진리를 찾아서/ 새 생명을 이어가야 하리다.
-「의심(醫心)」 전문 [뜻이 분명한 경우에 한자를 한글로 표기함]

긴 사설의 보탬이 필요 없이, 성직자-부모형이라 생각한다. 특히 마지막 부분의 '불멸의 진리'와 '새 생명 추구'는 그러한 성향을 극명하게 드러내고 있다. 이러한 의사 김대봉의 의사-환자 관계 모델 형성의 토대는 인간주의다. 그의 인간주의는 의업에서뿐 아니라 문학에서도 바탕을 이룬다. 이에 관한 내용은 이 글의 후반부[III. 1]에서 서술한다.

II. 문인 포백 김대봉

1. 문인 김대봉

김대봉은 의사가 되기 전부터 글을 썼다. 기록상, 최초로 공식 발표한 작품은 동래고보 시절, 열아홉 살에 ≪조선일보≫ 〈학생문예〉 난에 필명 김포백(金抱白)으로 실은 「농부의 노래」다.

바람아 불거라 비여 내리라/ 풍년(豊年)이 되거나 흉년(凶年)들거나/ 지어도 못 먹고 사시 품팔이/ 머나먼 서쪽에 풍년(豊年)들거라

— 「농부의 노래」 전문

활발한 문학 활동은, 1933년 평양의학전문학교를 졸업하고 경성제국대학 세균학교실에서 연구하고 의원을 개업하면서 이루어졌다.

박남수, 김상옥, 김용호, 윤곤강, 임화, 함윤수 등과 함께, 1938년 6월 15일 창간한,『맥(貘)』의 창간 동인이다. 꿈을 먹고 사는 상상의 동물인 '맥(貊)'은 예술인을 가리키는 예술적 상징과 함께, 고대 만주 지역에 살았던 한국의 종족을 일컫는 민족적 함의를 동시에 지닌 중의적 명칭이라 여긴다.

포백은 소설가 김정한(1908~1996)과는 동래고보 동기동창이다. 임화·김상옥·서정주 등과 작품집을 함께 펴내기도 했다. 시작품으로는 『조선문단(朝鮮文壇)』에 발표한 「심적(心寂)」「동공(瞳孔)의 촉수(觸手)」(1935), 『맥』제1집에 발표한 「이향자(離鄕者)」「추월부(秋月賦)」「모르는 체」「무상(無常)」(1938) 등 147편, 또한 최근 한정호 교수가 발굴한 《학지광》 30호(1930. 12. 27)에 실린 세 편의 시(「새해의 아츰」「봄 피리」「시조일수(時調 一首)」) 모두 합하여 150편이 있다.

1938년 10월 「무심(無心)」이라는 작품을 비롯하여 오십 편을 담은 시집 『무심』을 맥사(貘社)에서 출간하여, 당시 문단의 주목을 받았다. 아울러 「의사(醫師)의 조수(助手)」(1932)「탕아(蕩兒)」(1934)「환향(還鄕)한 무용가」(1935) 등 네 편의 단편소설과, 「동요비판의 표준」(1932)「문학과 생활」(1933)「문학과 의학」(1937)「죽음」(1940) 등 스물세 편의 비평과 수필을 썼다.

『맥』은 순수 우리말 문예지라는 이유로 일제의 조선어 말살 압력에 눌려, 결국 1939년 4월에 자진 폐간했다. 제5집까지 발간했다고 알려져 있었으나, 2014년 개인이 소장하고 있던 제6집이 세상에 알려졌다.

2. 『무심』 출간

1925년에 '동래고보 맹휴'에 가담했던 포백은, 1938년 민족의식이 농후한 시집 『무심』을 발간하려다가 출판금지를 당했다.

'성북마을아카이브' 자료에 따르면, 『무심』 출간 금지가 포백의 민족 의식과 깊은 연관이 있음을 할 수 있다. 자료 내용을 그대로 옮겨 적는다.

> 본적: 경성부 돈암정 455-13, 주소: 경성부 돈암정 455-13
> 계열과 단체: 국가 총동원법 위반
> 〈활동 내용〉 1938년 9월 21일 "조선민족은 이미 망해버렸다면서 悲嘆曲筆(비탄곡필)하고 전체를 통해서 민족의식이 농후"한 시집 『무심』을 발간하려다가 출판을 금지당하였다. 이 책의 제1절 무심편(구도자)에는 "우주여, 세계여, 인생이여 餘慶(여경)이 없는 우리들의 머리를 영원히 부패하지 않게 할 수 있는가? 대학도 학관도 지도자도 누구도 지켜주지 않는 우리들은 사색의 공동에 방랑자의 운명과 같이 유전하여 왔다." 등의 글귀가 있었다. 그리고 제4절 傷春曲(상춘곡)(사투리)에는 "洛水(낙수)와 남산이 변하는 것, 나의 고향의 말까지 변하고 있는 것이여", "흘러가는 낙동강이여" 등의 내용을 담고 있었다.
> 〈참고문헌〉
> 「출판물 금지 요항 - 안녕 금지-『無心(무심)(시집)』」(1938.09.21.)
> 『조선출판경찰월보』 121호, 국편 한국사데이터베이스

— 한자에 한글을 달았다.

이 자료에서, '제1절 무심 편(구도자)'에 언급된 「구도자(求道者)」는 1933년 12월 마무리하여, 이듬해 2월에 ≪신동아≫에 실렸다. 자료는 시의 첫 연을 인용하고 있는데, ≪신동아≫에 게재된 것과 몇몇 어휘가 바뀌어 있다. '제1절'은 제1연을 가리키는 것으로 여겨진다.

아직도 결론(結論)을 짓지 못한 우주(宇宙)여 세계(世界)여 인생(人生)이여/ 뒤뽀금는 우리들의 머리를 영영 썩게 할 터이냐/ 대학(大學)도 학관(學館)도 지도자(指導者)도 가지지 못한 우리는/ 사색(思索)의 공간(空間)에서 찝씨의 운명(運命)같이 때굴렸다.

아카이브 자료에는 '제1절 무심 편(구도자)'라고 써 있으나, 이 시는 '1938년 10월 발간본'엔 포함되어 있지 않다.

또한 아카이브 자료의 '제4절 傷春曲(상춘곡)(사투리)'은, 1934년 12월 ≪삼사문학≫ 2집에 실렸었다. 현재 전해진 『傷春曲(상춘곡)』은 '1. 상살(양면생활)[相殺(兩面生活)]' '2. 환영(幻影)' '3. 엽서(葉書) 한 장(章)' 등의 세 개의 소제목을 단 총 다섯 연으로 이루어져 있다. 따라서, 아카이브의 '제4절 傷春曲(사투리)'는 『상춘곡』의 네 번째 소제목인 '사투리'를 의미하는 것으로 보인다. 아마 '사투리' 부분은, 그 이유는 알 수 없으나, 빠졌다. 『상춘곡』의 '1. 상살(양면생활)'과 '2. 환영'은, 각각 「상살」과 「환영」이라는 제목의 단독시로 『무심』에 포함되었다.

곡절을 거쳐, 1938년 10월, 자신의 유일한 시집『무심(無心)』을 상재했다[그림 1].

[그림 1]『무심(無心)』표지. 표지 오른쪽 위에, '조선총독부 도서관 장서' 도장이 찍혀 있다.

위의 아카이브에 1938년 9월 21일로 표기된 걸로 미루어, 대략 한 달 정도의 수정 과정을 거쳐 출간했으리라 짐작한다. 1938년 11월 18일 자《동아일보》는 현장 사진을 곁들여『무심(無心)』출판기념회를 보도하였다. "11월 16일 명치(明治)제과에서 40여 명의 문단 인사 참석으로 성회(盛會)를 이루었다."[네이버 뉴스라이브러리] 명치제과는 일본 메이지 제과가 1930년 10월 1일, 경성[지금의 서울]

본정(本町) 2정목(2丁目)[지금의 충무로2가]에 3층 건물을 통째로 초콜릿과 함께 커피를 파는 카페와 레스토랑이 복합된 형태의 판매점을 냈다. 한반도 최초의 현대식 카페로 공연과 전시회 등을 개최할 수 있는 공간도 마련됐다. 3층은 주로 공연 전시회 등의 행사와 함께 연회 기능을 갖춰서 경성의 문화와 사교의 품격 높은 명소였다.

「무심」「무상」「심적」 등과 같은 제목들이 암시하듯, 포백의 시는 내면으로 향한 시선으로 인간 존재의 의미를 겨냥한다. 망국을 비롯한 현실의 고통을 벗어나려는 지나친 발버둥을 서정적 억제로 보듬어 극히 정적으로 드러내고 있다.

3. 「보리피리」를 동요로

보리 이삭 돋아나면/ 종달새 떠나간다지,/ 떠나는 그날에도/ 보리피리 불어주마.

— 김대봉, 「보리피리」 전문

1932년 ≪동아일보≫ '아동 페이지'난에 발표한 「보리피리」는, 4년 후 동요로 작곡되어 ≪아희 생활≫에 삽화를 곁들인 악보가 실렸다. 바장조 4분의 3박자의 이 곡은, '3.1절 노래' 등을 작곡한 박태현(朴泰鉉, 1907~1993)이 곡을, 임동은(林同恩)이 삽화를 맡았다 [그림 2].

[그림 2] 「보리피리」 악보와 삽화. 김대봉 작사, 박태현 작곡, 임동은 삽화. 노래 가사는, 시의 제2 행에서 '떠나간다지'를 '간다지'로 줄였다.

이 곡은 실제 방송 등에서 불렸다. 그 근거로 1940년 6월 21일 자 ≪조선일보≫ 제4면 하단의 라디오 프로그램 소개로 여겨지는 다음의 기사가 실렸다. 가사 전체를 싣고 있다.

노래공부(21일, 20일 오후 6시반), 보리피리, 김대봉 요 박태현 곡, 지휘 김희정, 보리이삭 돗아나면/ 종―달새 간다―지/ 떠―나는 그날에도/ 보리피리 불어주마 (끗)

III. 의사 문인 포백 김대봉

1. 인간주의, 환자 그리고 자기 자신을 연민하다

야간의 물은 끓고, / 잠긴 나뭇가지에는 꽃이 피다. // 숯불은 이 는데, / 꽃은 피다. / 물은 끓는데, / 꽃은 피다. // 피는 이 꽃에는 / 낮과 밤이 없더라. // 피는 이 꽃에는 / 눈도 비도 없더라. // 피는 이 꽃에는 / 계집과 술과 노래가 없더라. // 피는 이 꽃에는 / 주인도 사람도 없더라. // 그래도 숯불은 일다. / 물은 끓다. / 꽃은 피다.

-「무심(無心)」전문

포백의 대표 시 「무심」이다. 김대봉과 함께 ≪맥(貘)≫의 창간 동인인 시인 윤곤강은 이렇게 적고 있다.

"'무심'의 시인은 무척 고뇌를 떠나지 못한다. 그것은 고기가 물을 떠나지 못하는 것과 같다는 말과, 시인과 광인은 종이 한 장을 격하여 살고 있다는 말이 참말이라면, 이 시인은 실상 고상한 기호를 가진 셈이다."

- [『무심』의 프로필-김대봉 시'/ 윤곤강, 1938년 봄, 《동아일보》]

'무척 고뇌를 떠나지 못하'고 「무심」을 발표한 해는 1935년 12월이었다. 평양의전을 졸업하고, 서울에서 외과의원에 잠시 근무하다가, 김해읍으로 가서 의원을 개원하던 시기였다. 의학 수업과 훈련을 마치고 의사로서 의술을 발휘하며, 고뇌에 붙들려 '무심'이 자리 잡은 이유는 무엇일까. 필자는, 의사와 문인으로서 끊임없이 진지하게 추구했던 인간주의에 근거한 연민이, '고상한 기호'인 무심(無心)으로 변화했다고 고안한다.

그러한 징표로 몇 편의 글을 짚는다.

바늘침에/ 피 한 방울 쏟지도 못할/ 창백(蒼白)한 촉루(觸髏) 같은 그 얼굴을 숙이고// 거미같이 무섭게 여윈 그 팔로 막대기를 짚고/ 허둥대는 다리를 질질 끌고 와서는// 가을바람같이 쌀쌀한 의사의 말에/ 그만 쫓겨 나가고 만 그가 생각이 난다

-「그 환자(患者)」(1931) 전문

평양의전 2학년 1931년, 《조선일보》에 게재한 시다. 임상 수업 중에 보고 느꼈을 가여운 애처로움이 가을 찬바람처럼 서늘하다.

이듬해 평의전 3학년 때 한 달 간격으로, 《조선일보》에 발표한 「사체해부(死體解剖)」와 「학창(學窓)에서」에는 눈에 보이는 현상에만 머물지 않는 의대 학생의 의학적 시선을 엿볼 수 있다.

그러므로 해부수(解剖手) 목표(目標)한 바/ 인체구조(人體構造)에만 칼 든 진리(眞理)를 멈춘다면/ 그까짓 진리(眞理)를 빼어서 버리라/ 사체(死體) 제공(提供)한 죽은 영혼(靈魂)에 모반(謀叛)이다
- 「사체해부(死體解剖)」(1932. 4) 제4연

해부대(解剖臺) 위에 놓인 주검의 영혼까지 경외하며 해부학 수업에 임하는, 인간 존엄의 진리를 추구하려는 의학도의 각오가 성실하다.

일(一)/ 신입생(新入生) 환영회에/ 남들이 기뻐하는데/ 나는 울었네// --- // 삼(三)/ 배운 것 하나 있는 것이/ 무어 그리 장할까/ 그보다 더 큰 자연(自然)과 인생(人生)을/ 알아보자고/ 외치는 학생의 마음이/ 티끌 속에 보옥같이 보이네
- 「학창(學窓)에서」(1932. 5) 부분

이 년 전 신입 의대생으로서 느꼈던 걸 담고 있다. 의학이 의학 강의실과 병실과 실험실 안에서만 배우고 익힘을 넘어 인생과 자연을 아는 것이 보물이라고 외치고 있다. 의대 3학년 학생 스물네 살 김대봉이. 그즈음, 의대생 김대봉은 마작에 빠진 의사를 고발하는 단편 『의사의 조수』를 발표했다. 의사의 조수가 마작에 빠져 '진료를 소홀히 하는 의사'를 근심하고 있다.

"소위 의사라면서 절믄 사나희들을 상대로 날마다 밤마다 마작만 하니 제일 먼즘 그 마누라가 조와 안 하는 것은 물론 지방 사람들의 비난과 경찰서의 주시도 잇섯든 것이다."
  ―「의사의 조수」(1932. 10) 일부[원문대로]

'진료를 소홀히 하는 의사'의 대치어는 '선한 의사'다. '소홀'의 반의어는 '주의 깊고 정성스럽다'이다. 선한 의사는 진료에, 의학 연구에, 주의 깊고 정성스럽다. 연민(憐憫)은 사람에게 주의 깊고 정성스러워야 생기는 마음이다.

선한 의사는 「병실」에서 '선의(善醫)'라는 직설적 시어(詩語)로 드러난다.

병(病)은 사람의 적(敵) 자연(自然) 악의(惡意)의 노예(奴隷)이다./ 항쟁(抗爭)하라, 선의(善醫)여,/ 나날이 네 가슴에 자라는 무봉(砥鋒)이/ 병실(病室)에서 해방(解放)될 때까지.
  ―「병실(病室)」(1937) 부분

다음은 월간 《조광》에 1939년 9월 발표한 글이다. 연민에 젖은 소명감을 움켜쥔 채, 순백색 가운을 입고 진료하는 포백의 모습이 선하다.

""선생님 살려주오." 그들이 나에게 남기고 간 유언이 있다면 그 것밖에는 아무것도 없다. 이럴 때마다 나는 나의 무능을 탄(歎)하며 주먹을 불끈 쥐고 의서(醫書)를 두다리며 생(生)의 사자(死者) 백의(白衣) 그대로 왼몸을 얽매고 두어야 할 것이 아닌가."
— 「진찰실 풍경」(1939)에서

그러나 인간주의 연민의 실천은 쉽지 않았다. 포백 김대봉은 의사문인으로서 문학은 퍽 힘들었다고 고백한다.

"나에게는 문학생활이 참으로 괴로웠다. 〈중략〉 이지와 감정 새에 용납되지 않는 모순을 여실히 고함이 아닌가. 〈중략〉 다년간 문학을 애호하게 된 곳에서 불여불식간(不如不識間) 형성된 습관의 탓일까. 〈중략〉 그러나 나의 실재생활은 '인간은 자연계 일반법칙에 순응하는 자연의 일부분이며 자연의 소산이다'고 외쳤다. 그리고 나의 문학생활은 '인간은 파괴적 환경에 저항해 가면서라도 일정한 목적을 지달(至達)하려는 노력 즉 의욕을 인식하는 것이다'라고 매질하였다."
— 김대봉, 「문학과 생활」 부분

이처럼 힘들었던 의학과 문학 사이의 모순 속에서, 자신이 속한 인간을 향한 연민을 치유할 온전한 인간주의를 꽃피우고자 연단했다.

그 일면을 다음의 수필에서 확인할 수 있다.

"의학은 의학이요 문학은 문학이지 문학이 의학 된 일도 없고 의학이 문학 된 일도 없었던 것이다. 따로따로 제 독립성을 가지고 그 활동 영역이 달랐던 것이다.
이럼에도 불구하고 나를 만나는 사람 중에는 내가 시(詩)쪼각이나 쓴다고 어느 것이 본직이냐고 묻는다. 나는 으레 고름[膿(농)]에서 생명을 씻고 썩은 피에서 건강을 찾는 사람임에는 틀림없었다.
그렇다면 시 쓰는 것은 취미요 부업이건만요. 그럴지는 모른다. 시 쓰는 것이 본업이 된다고 영광될 리도 없고, 의술이 부업이 된다고 손(損)돌리도 없다. 의학을 하면서 시(詩)쪼각이라도 쓴다는 것은 선 비극이 아니면 환경이 물리어준 선물이매, 이 고난을 굳이 받으면서 스스로 겸양하고 사퇴하며 두려워하였을 뿐이다.
그러나 문학이거나 의학이거나 그 대상이 모두 산 인간에 관한 것인 것은 사실이다.
- 중략 -
 따라서 문학자이건 의학자이건 과학적으로 인간의 전체를 연구하여 이에 풍부하고 정확한 지식을 획득하는 동시에 특히 철학적 심리적 윤리적 지식에 좇아 그 방위(防圍)를 원만히 닦아 나아가야만 비로소 참다운 인간주의(人間主義)의 의학도 움터질 것이요. 또한 뚜렷한 인간주의(人間主義)의 문학도 돋아나올 것이라고 믿어진다."

─「의학과 문학」부분

인간주의에 뿌리 박고 환자를 연민하되, 만만치 않은 현실 삶 속의 자신도 연민하지 않을 수 없었다. 진료 현장에서 만나야 하는 어긋난 육신과 정신의 고통은, 환자와 함께 의사 자신도 겪고 헤쳐야 나아가야 할 세상임을 느끼고, 물 끓듯 꽃 피듯 표출하는 무심(無心). 사념(邪念)이 아닌 사념(思念), 덧칠한 혼(魂)이 아닌 무심(無心). 무심은 가장 강력한 인간에 관한 관심의 역설 아닌가. 무심은, 의학과 문학 사이에서, 채워서 비우고, 넘쳐서 지워 내버리는, 인간주의를 추구하고 실천하고자 했던 의사문인 포백 그 자체가 분명하다.

2. 대등 의사문인 포백 김대봉

'의사문인'은 '의사'와 '문인'의 합성어다. 합성어는 흔히 대등 합성어, 종속 합성어, 융합 합성어로 나뉜다. 의사와 문인의 본래 의미와 역할이 각각 대등한 자격과 역량으로 담겨 있다면 대등 의사문인이다. 어느 한편으로 기울어져 '글 짓는 의사'라면 문업이 의업에 종속되어 있어 '문인'은 '의사'를 수식하고 있다. 물론 문인이 주가 되고 의사가 종속인 경우도 있을 수 있다. 예를 들면, 의과대학을 졸업하며 의사면허는 획득하였으나 의업은 접고 문인으로 활동하는 경우다. 그러나 이런 경우는 의학을 배웠고 의사 면허 소지자니까 '의사문인'이라 부르긴 해도, 실제 환자 진료 경험이 희박하다는 점에서 '의대 출신 문인'이라 불러야 할 것이다.

'융합'이란 말이 '다른 것이 녹아서, 서로 구별이 없게 하나로 합하여지거나', 또는 '둘 이상의 요소가 합쳐져 하나의 통일된 감각을 일으키는' 것을 의미한다면, 의사와 문인이 녹아서 하나로 합쳐지는 일은 불가능하다. 의학과 문학이 사람의 고통을 동일한 연원으로 공유한다 해도, 각각을 버리고 새로운 직업군을 아직은 만들어낼 순 없다. 따라서 필자는 융합 합성의 의사문인은 아직은 이론상의 명칭이라고 생각한다. 필자 나름의 분류 방식에 따라 몇 의사시인의 예를 들어 의사문인을 이른다.

종속 의사문인으로 가장 먼저 떠오르는 사람은 존 키츠다. 약제사 면허를 따고 수년간 수련을 받아 스물한 살에 외과 의사가 되었는데, 그 무렵 키츠는 의학을 접고 문학에 전념하기 시작했다. 그의 시가 의학적 지식을 반영하지 않음에도, 많은 의사와 시인은 그의 생애와 작품에 지대한 관심을 보인다. 흔히 '의사 키츠가 시인 키츠에게 물려준 가장 위대한 유산은 질병으로 고통받고 낫기를 갈망하는 사람에 대한 공감이었으며, 그 공감이 키츠를 그가 바라던 아폴로 같은 시인-의사로 바꾸었다.'라고 이른다. 필자의 분류로 '종속 의사

시인'이다.

대표적 대등 의사문인으로 미국의 윌리엄 카를로스 윌리엄스를 든다. 소아과 개원의사인 윌리엄스는 줄곧 의업과 행문(行文)을 함께 했다. 진료실에서 환자를 보다가, 시상이 떠오르면, 병록지 한 귀퉁이에 적어 시를 지었다. 윌리엄스보다 더 대등 합성에 가까운 의사시인은 존 스톤(John Stone)이다. 심장 전문의로서 진료뿐만 아니라, 교수, 의대 학장 등으로 바쁜 활동을 하며 시를 지었다. 가운 주머니에 작은 인덱스카드를 넣고 다니며 그때그때 떠오르는 시상이나 구절을 간결하게 적었다.

포백은, 앞서 기술한 바와 같이, 의업을 활발히 행하면서 꾸준히 문학 활동을 이어갔다. 따라서, 포백은 대등 의사문인이다.

IV. 포백 김대봉은 어떻게 생겼을까?

포백은 생년월일과 몰년월(沒年月)은 확인되지만, 세상을 떠난 날짜는 모른다. 더구나 사진이나 초상화를 구할 수 없다. 다만 동료 시인 김용호(金容浩) 글에 남은 단편적 묘사를 통해서만 그 모습을 상상할 뿐이다.

"머리칼날이 지나치게 빳빳해"
    – 김용호(金容浩), 시「오늘을 [김대봉(金大鳳) 형의
    삼 주기를 맞이하여]」≪중외일보≫ 1946. 3. 19.

"편지엔 그렇게도 다정(多情)한 입김이 풍기는 사람이 막상 만나고 보니 어처구니없을 정도로 범범(泛泛)하였습니다. 〈중략〉 경상도 기질(氣質)이랄까, 단순(單純)하고 솔직(率直)하고 시비(是非)가 뚜렷하고…. 내연(內燃)하는 그 풍부한 인정미(人情味), 벅찬 삶의 의욕(意欲), 꿋꿋한 의지"
    – 김용호(金容浩),「무심(無心)에 핀 꽃 김대봉(金大鳳)」
    ≪현대문학≫ 1962. 12.

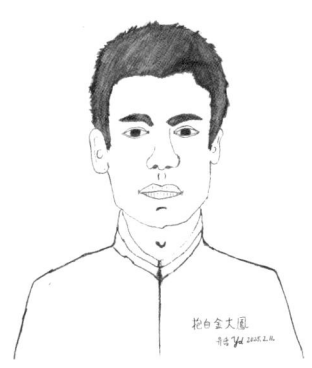

[그림 3] 포백(抱白) 김대봉(金大鳳)
(그림 유담, 2025. 2. 11)

이처럼 그의 모습을 정확히 알 수 있는 자료가 없고, 유족의 유무도 아직 알려진 바가 없다. 누구의 무심(無心)인지. 조각조각 흩어진 기록들뿐이다. 그래서인지, 포백의 얼굴 모습만이라도 구체적으로 가시화하고 싶다는 생각이 더욱 끊이지 않고 솟구친다. 결국 그 욕구를 좇아, 조각난 서술과 서술의 갈피를 상상으로 메꿔, 포백의 얼굴을 그린다[그림 3].

맺는 글

의사 김대봉은 글을 지었고, 문인 포백 김대봉은 의업을 수행했다. 그러나 현실적으로 어쩔 수 없이 뚜렷이 구분되는 두 영역의 접경에서, 김대봉은 스스로 고백했다. "나에게는 문학생활이 참으로 괴로웠다."

다만 타고난 진실성과 성실함으로 두 직역에서 최선을 다하기 위해, '인간주의적 연민'을 추구하고 다졌다. 그 추구의 고단했을 노정(路程)에서 드러낼 수 있는 오롯한 노정(露呈)으론 무심(無心)이 가장 마뜩했을 것이다. 의사 김대봉과 문인 포백 김대봉이 서로의 대등한 일부로서 이루어낸 '무심(無心)'. 우리나라 최초 의사문인 김대봉을 '무심(無心)의 의사 문인'이라 주저 없이 부른다.

우리나라 최초 의사문인
포백 김대봉 문학선

초판 1쇄 인쇄　　2025년 9월 11일
초판 1쇄 펴낸 날　2025년 9월 18일

편저　　　　유담
펴낸이　　　박성주

책임 편집　　김나희
디자인 총괄　김후정
표지 디자인　nhee.k

펴낸곳　　　도서출판 지누
등록　　　　제313-2005-89호(2005년 5월 2일)
주소　　　　(04165) 서울특별시 마포구 마포대로 15 현대빌딩 907호
이메일　　　jinubook@naver.com
블로그　　　blog.naver.com/jinubook
페이스북　　www.facebook.com/jinubooks#
인스타그램　www.instagram.com/jinubooks/
전화　　　　02-3272-2052
팩스　　　　02-3272-2053

인쇄·제본　　벽호

값 15,000원

ⓒ 도서출판 지누
ISBN 979-11-87849-57-5 (03810)